DON BOSCO
VERLAG

Elmar Gruber
Don Bosco Verlag

# Gott vertrauen – befreites Leben

verlagsgruppe engagement

2. Auflage 1990 / ISBN 3-7698-0630-1

Umschlaggestaltung und Zeichnungen
(nach Entwürfen des Verfassers): A. Schmid, Benediktbeuern
Fotos: Seite 80 Simon Storkenmaier, Seite 139 Robert Storkenmaier,
alle anderen vom Verfasser
Satz: Salesianer-Druckerei, Ensdorf/Opf.
Druck und Bindearbeiten: Buchdruckerei Gebr. Bremberger, München

# Inhalt

# Einleitung

Dieses Buch ist – wie alle meine Bücher – kein Buch zum „Durchlesen“. Es will Stück für Stück meditiert werden. Es bringt auch keine neuen Wahrheiten und Informationen. Die uralte Lebenswahrheit und Lebensweisheit vom Vertrauen soll wieder neu ins Bewußtsein kommen in der Hoffnung, daß die Wirklichkeit des Vertrauens selbst zum Vertrauen ermuntert. Die Wahrheit, um die es geht, ist kurz in dem Liedtext ausgedrückt:

*„Wer nur den lieben Gott läßt walten*
*und hoffet auf ihn allezeit,*
*den wird er wunderbar erhalten*
*in aller Not und Traurigkeit.*
*Wer Gott, dem Allerhöchsten, traut,*
*der hat auf keinen Sand gebaut.“*

Oder noch ein kürzeres Jesuswort:

*„Wer an mich glaubt,*
*wird leben …*
*auf ewig nicht sterben.“* (Joh 11,25)

Es geht nicht nur um das Leben und um den Glauben an das Leben *nach* dem Tod, sondern vor allem um das Leben *vor* dem Tod. Viele Menschen wagen dieses Leben nicht mehr; sie füllen ihr vergängliches Dasein mit Konsum und Lust und bleiben dabei leer an Leben und haben nichts zum Überleben, wenn Leid, Schmerz und Tod eintreten. Bei vielen Menschen ist die Lebensangst so groß, daß sie nicht mehr vertrauen können. Manche haben so viele Enttäuschungen erlebt, daß ihnen das gläubige Vertrauen vergangen ist. Besonders tragisch ist der Mangel an Gottvertrauen für Menschen, die berufsmäßig bestimmt sind, bei anderen Vertrauen zu wecken. Wo Gottvertrauen fehlt, kann kein gesundes Selbstvertrauen wachsen.

Dieses Buch ist geschrieben für alle, die um Gottvertrauen ringen. Die einzelnen Kapitel und Abschnitte stehen nicht in linearem Zusammenhang spekulativer Stimmigkeit. Sie sind vielmehr Impulse, die sternartig von verschiedenen Ausgangspunkten her das eine Ziel anstreben: Glaube ist Leben, Leben ist Glauben. Der Leser ist eingeladen, sein Leben – gleichgültig, in welcher Situation er es lebt und erlebt – in die Hand Gottes zu stellen, um dort Frieden und letzte Geborgenheit zu finden.

# „Vertrauen" – kleine Wortkunde

Sprache ist geronnenes Erleben (Klages). Wenn man die Sprache verflüssigt, stößt man auf die Vorgänge und Erfahrungen, die den Worten zugrundeliegen und für die sie zeichenhaft stehen. In den Worten „vertrauen" und „glauben" sind wesentliche Lebensvorgänge und Erfahrungen angesprochen, deren Kenntnis hilfreich ist.

*„Ver-trauen", „treu sein"*
In diesem Wort ist englisch „tree" (Baum) enthalten. Trauen bedeutet „Baum werden", fest, stark, selbständig werden. Die Vorsilbe „ver-" bedeutet die Intensivierung eines Vorganges, bis er eine Höchstgrenze erreicht und in etwas anderes, Neues, ja sogar Gegenteiliges umschlägt:
*„Ich traue dir"* = ich finde Festigkeit, Sicherheit in dir.
*„Ich ver-traue dir"* = ich finde so viel Festigkeit und Halt in dir, daß ich gar keine Unsicherheit und Labilität mehr habe; ich bin ganz und gar fest und sicher geworden in dir; du bist ganz und gar mein Halt geworden; durch dich bin ich zum „Baum" geworden; nicht mehr ich lebe, du lebst in mir; durch dich bin ich fest, zuverlässig, treu geworden.

Bei reflexiven Formen von Verben bedeutet die Vorsilbe „ver-" meistens nur mehr das Negative. Beispiele:
Ich habe gesprochen; – ich habe mich ver-sprochen (wobei aber gerade hier das „Ich habe mich versprochen" auch noch positiv verstanden wird im Sinne von: „Ich habe ein Gelübde gemacht", „ich habe ein Versprechen gegeben"). – Ich bin versprochen.
Ich bin gegangen; – ich habe mich ver-gangen; – ich bin ver-gangen. Die Perfektformen mit „ich bin" bringen besonders bei Verben, die transitiv und intransitiv gebraucht werden, interessante Bedeutungen im Zusammenhang mit der Vorsilbe „ver-".
Man kann dieses Sprachphänomen mit beliebigen Worten durchspielen. Dabei gerät man tiefer in das Geheimnis der Worterfahrung. Zum Beispiel:
„Ich bin ver-storben" (= ich bin tot; das Sterben ist zu Ende; ich habe völlig aufgehört zu leben und bin das Gegenteil eines Leben-

den geworden). – „Ich habe mich ver-storben“ (= ich bin falsch gestorben; ich habe das Sterben falsch gemacht; ich hätte anders sterben sollen).
„Ich bin ver-traut“ (= ich bin fest, sicher; ich bin *mir* sicher). – „Ich habe mich ver-traut“ (= ich habe falsch getraut; ich habe dem Falschen getraut; ich hätte anders, einem anderen, trauen müssen).

Im Zusammenhang mit den Vorgängen, die im Wort Vertrauen enthalten sind, stehen auch die Inhalte des Wortes *„Glauben“*. „Glauben“, – „ge-lauben“ steht innerhalb des großen Wortfeldes „laben, leben, lieben, loben“ und bedeutet ursprünglich: etwas oder jemand für lieb halten, gutheißen (Duden, Herkunftswörterbuch). Diese Tatsache allein besagt schon, daß es keinen Glauben ohne Liebe geben kann. Ich kann jemandem oder an jemand nur glauben, wenn ich ihn liebe. Das bedeutet für die Verkündigung: Menschen können nur an Gott glauben, wenn er „liebens-würdig“ dargestellt wird. Wenn mit Gott gedroht wird, führt das notwendig zu Angst und Unglauben.
Sehr beachtlich erscheint das hebräische Wort „aman“ (vgl. unser häufig gebrauchtes „Amen“!), das die Inhalte von „Glauben“ und „Vertrauen“ vereint. „Aman“ heißt festmachen, und in der reflexiven Form sich festmachen. Dabei liegen drei Vorgänge zugrunde:
- Einen Baum festmachen, d.h. einpflanzen. Dem Baum Grund und Boden geben, in die er „ein-wurzeln“ kann, aus denen er Halt und Nahrung gewinnt. In der reflexiven Bedeutung heißt das: sich einwurzeln, seine Wurzeln schlagen, sich festigen.
- Ein Zelt festmachen, d.h. sein Zelt (= sein Haus, seine Existenz) aufschlagen und im Boden verankern. Die reflexive Bedeutung ist wieder: sich im Boden verankern, sich (vor Wind und Wetter) sichern, sich Standfestigkeit und Stehvermögen geben.
- Ein Boot festmachen, d.h. an-binden. Einen Halt finden und durch Anbindung (Bindung) zum eigenen Halt machen. In der reflexiven Bedeutung kommt das *Sich-* Festbinden zum Ausdruck. Dieser Vorgang zeigt besonders deutlich, was Glauben und Vertrauen eigentlich heißt: einen Halt bekommen, ohne den ich nicht existieren kann, den ich aber nicht aus mir erzeugen, sondern nur durch Bindung gewinnen kann.

Je mehr man sich den Wortbetrachtungen hingibt, desto mehr wird die Beweiskraft spürbar, die den Worten innewohnt, bevor sie auf die Ebene rationaler Begrifflichkeit gelangen und dort als Begriffe (leider sehr oft als „leere“ Begriffe) verwendet werden.

Ich brauche nicht mit schwierigen rationalen Argumenten beweisen zu wollen, daß man glauben „muß“ und daß man ohne Vertrauen nicht leben kann; die Tatsache, daß es diese Worte gibt, beweist selbst schon, daß es das Halt-Finden durch Bindung gibt und daß es wesentlich zum Leben gehört. So kann die Wortbetrachtung zur Glaubens- und Lebenshilfe werden. Worte offenbaren sich mir freilich nur, wenn ich sie nicht einfach *gebrauche,* sondern wenn ich es riskiere, mich ihnen *auszusetzen.* Dieses Risiko muß ich eingehen. Wenn ich dies tue, kann es geschehen, daß mir Gott im Wort (im Wortereignis) begegnet. Durch die Worterfahrung erahne ich schließlich, was der Evangelist Johannes meint, wenn er sagt: Im Anfang war das Wort (Logos), Gott ist Wort, und das Wort ist Fleisch geworden.

GOTT VERTRAUEN

Der,
dem du traust,
der ist dein Gott.

Wem, worauf
vertraust du?
Es gibt viele Götter,
doch nur der Eine
kann dich halten.

Wenn du dich
gottverlassen fühlst,
hast du vielleicht
den wahren Gott
noch nicht gefunden.

# Gott finden
# Gott glauben
# Gott vertrauen

*Mein Herz denkt an dein Wort:*
*„Sucht mein Angesicht!“*
*Dein Angesicht, Herr, will ich suchen.*
*Verbirg nicht dein Gesicht vor mir.* (Ps 27,8 f.)

## 1. Wie geht Leben?

Diese Frage ist in unserer Zeit in neuer und sehr dringlicher Weise akut geworden, da viele selbstverständliche Lebensweisen unserer abendländisch-christlichen Tradition im gesellschaftlichen Wandel unserer Zeit fragwürdig geworden sind. Früher wußte man, wie man zu leben hat und wie man als Christ zu leben hat, was richtig und was falsch ist, was läßliche Sünde und was Todsünde ist, wer in den Himmel, wer in das Fegefeuer und wer in die Hölle kommt. Es war im Vergleich zu heute früher alles einfacher; es war alles „logisch“. Es gab eine einheitliche Lehre, aus der die notwendigen praktischen Verhaltensweisen im Leben abgeleitet und begründet wurden. Verstöße gegen lebensnotwendige Verhaltensweisen wurden als „Todsünde“ markiert unter Androhung ewiger Höllenstrafen: Wer am Sonntag ohne wichtigen Grund nicht in die Kirche geht, wer am Freitag freiwillig Fleisch ißt und zur vorgeschriebenen Zeit nicht fastet, wer freiwillig unkeusche Gedanken denkt oder gar einen Ehebruch begeht oder sich scheiden läßt, begeht eine Todsünde. Wer in diesem Zustand stirbt, ohne gebeichtet oder wenigstens Liebesreue erweckt zu haben, der ist ewig verloren. Die Angst, ewig verdammt zu werden, war sicherlich schrecklich und führte den depressiv-sensibel veranlagten Menschen leicht in die Neurose („ekklesiogene Neurose“), andererseits aber wurden mit ihr Verhaltensweisen erzwungen, ohne die damals wie heute und in aller Zukunft Leben nicht gelingen kann: Lebenssicherheit und Lebensglück verlangen eine Lebens*ordnung*. Ich muß an meinem Leben arbeiten. Ohne „Glaubensarbeit“ kann der Glaube mein Leben nicht tragen. Ohne Fasten (ganz allgemein: „Verzichtübung“), Beten und Feiern kann sich die Kraft des Glaubens nicht im Leben entfalten; andererseits verleiht mir der Glaube die Kraft zur Lebensordnung. Aber da sind wir nun am „springenden Punkt“: Was verleiht mir die Einsicht und die Kraft zur Lebensordnung, zu den Notwendigkeiten des Lebens: Höllenangst oder der Glaube? Ein Glaube, der zur Höllenangst führt, kann nie „frohe Botschaft“ sein. Er ist oder wäre das Gegenteil. Wer wird den Glauben von der Angst erlösen?

Die Zeiten, in denen unser Leben vorwiegend von außen her, von Lehren und von sanktionierten Normen her gesteuert war, sind ganz einfach nicht mehr da. Es geht bei dieser Feststellung nicht um eine Wertung, ob das gut ist oder nicht; es ist nur die Diagnose. Der Mensch lebt heute nicht mehr in einer gesellschaftlichen Großgruppe mit einheitlichen Lehren und Normen. Unser Horizont ist weltweit geworden. Jeder sieht sich einer Vielzahl von Lehren und Verhaltensmustern gegenübergestellt, von denen er die „seinigen“ finden und wählen muß. Früher war die „Häresie“ (die Wahl anderer als der vorgegebenen Lehren und Normen) fraglos Glaubensabfall und Sünde, weil man ja am „wahren Glauben“ nicht zweifeln durfte. Heute, wo verglichen mit früher viele Lebensweisen und Lebenslehren angeboten werden und gesellschaftlich möglich sind, *muß* der Mensch „sein“ Leben wählen. Und ich kann nur das wählen, was mir „plausibel“ erscheint. Es kann mir niemand vorschreiben, welche Einsichten ich haben darf und welche nicht. „Einsichten muß ich schon noch selber haben dürfen!“ Einsicht kann nicht erzwungen werden durch die innere logische Stimmigkeit eines theologischen Systems (Apologetik).

Einsicht geschieht in der unmittelbaren Begegnung mit der Wirklichkeit. Heute sind nicht mehr so sehr die „Lehrmeister“ gefragt, sondern vielmehr die „Lebemeister“. Lebemeister sind Menschen, die selbst begegnen und die die Lebenswahrheiten und Lebenswirklichkeiten so zur Begegnung bringen, daß der Lebensschüler eine eigene Einsicht gewinnen kann, die er auch als Selbstgefundenes und Selbstfindung erlebt. Der Lebemeister konfrontiert nicht mit dem in sich stimmigen („steinharten“) „Glaubensgut“, er begleitet, stellt vor, zeigt und erzählt. Der Lebensschüler läßt sich führen, er vertraut, wenn der Meister vertrauenswürdig ist. Vertrauenswürdig ist ein Meister nicht dadurch, daß er „immer recht hat", sondern durch die Lebens- und Glaubenserfahrung, die er ausstrahlt, durch die er es nicht mehr nötig hat, „recht zu haben".

*Mit der eigenen Lebens- und Glaubenserfahrung absichtslos da und nah sein* – das ist die Kurzformel für heutige Seelsorge und Verkündigung. Die Absicht des Verkünders heute kann und muß sein: „nächste" Gelegenheiten schaffen – Gelegenheiten der Begegnung (nicht zur Sünde!).

Das Vertrauen ist ebenso wie die Einsicht etwas, das ich beim anderen weder fordern noch erzeugen kann. Zum Vertrauen kann und muß jeder selber kommen. Letztlich ist es Gnade, Geschenk, wenn ich irgend jemand oder auf irgend etwas vertrauen kann. Der Lebemeister muß sich dessen immer bewußt sein, und er muß es ertragen können, wenn jemand kein Vertrauen zu ihm hat. In unserer Zeit scheint die Hilflosigkeit dem Leben gegenüber immer mehr zu werden. Viele suchen im Konsum und Genuß den Inhalt des Lebens und scheitern. Trostlosigkeit, Trauer, Antriebslosigkeit, Sucht und Rücksichtslosigkeit kennzeichnen unser heutiges Leben. Und doch sind überall, gerade auch bei der Jugend, die alten Fragen lebendig, die zu Stellen der Begegnung und Anknüpfung werden können: „Alles muß doch irgendwoher kommen"; „irgend etwas muß es geben"; „irgend etwas muß der Mensch glauben, sonst kann er nicht leben"!

## 2. Wege in die Tiefe

In unserer Zeit der Trostlosigkeit und der ausgeleierten verbrauchten Lebensformen gibt es einen ganz neuen Aufbruch: den Aufbruch in die Tiefe. Es ist kaum möglich, alles zu erfassen, was sich heute an derartigen Aufbrüchen ereignet und was sich unter den Begriffen „New Age" und „Wassermann" verbirgt. Beachtlich ist, daß diese Aufbrüche nicht im speziell christlichen Bereich erfolgt sind wie etwa die „Theologie der Befreiung". Wo diese Aufbrüche kirchliche Kreise erfassen, kommt die Bewegung von außen und nicht aus dem institutionellen Innenraum. – Wir brauchen uns nicht mit „New Age" und seiner Geschichte auseinandersetzen, um zu erkennen, daß wir den Weg in die Tiefe brauchen, um so an die Wahrheiten und Wirklichkeiten des Lebens und des Glaubens heranzukommen, daß wir davon leben können. Die New-Age-Bewegungen können uns viel Anregung geben, um diese Wege in die Tiefe zu finden und zu gehen. Nur in der Tiefe unseres Seins und in der Tiefe der Schöpfung kann uns der rettende Gott begegnen, der sich in der biblischen Glaubensbezeugung offenbart. An diesen Gott zu *glauben,* das bleibt auch die Herausforderung an den mystischen Menschen, der in unseren Tagen den Weg in die Tiefe sucht; denn der Weg in die Tiefe kann auch zum Weg in die wasserlose Wüste werden, wenn der Mensch sich selbst mit Gott verwechselt. Es gibt die göttlichen, selbstheilenden Kräfte im Menschen und die heilenden Kräfte der Natur – und es gibt eine unübersehbare Literatur darüber. Aber es bleibt die Frage offen: Wer ist Herr darüber? Wer herrscht über die heilenden und dämonischen Kräfte, denen wir begegnen und die wir erfahren? Bin ich „der Herr", oder ist Gott „der Herr"? Selbsterlösung oder Gnade? Leistungsbewußtsein oder Vertrauen? Ich oder Du? Auch „in der Tiefe" scheiden sich hier die Geister.

Bei allem Fortschritt des Denkens brauchen wir keine neue Theologie, um Gott wieder zu entdecken. Wir brauchen den Weg in die Erfahrungstiefe, den Weg zur Gottbegegnung. Die Theologie ist ja letztlich aus der Gottesbegegnung entstanden. Sie ist die äußerste Schicht in einem vielschichtigen Geschehen. Die Theologie unterwirft das Erfahrungsgut den Gesetzen des rationalen Denkens und versucht, es dort festzumachen und festzuhalten. Unmittelbar aus der Einsicht, die durch Erfahrung (unmittelbare Berührung mit der Wirklichkeit) geschenkt wird, ergibt sich die *Weisheit.* Die Weisheit, „Sophie", stützt sich auf Erfahrung. Sie kann nichts und muß nichts „beweisen". Die Weisheit „weist", d.h., sie macht weise durch Zeigen und Darstellen. Die Wissenschaft, „Logie", schafft ihr Wissen durch Beweise, durch die logische Stimmigkeit der Gedanken. Es wäre töricht und sinnlos, Theosophie und Theologie gegeneinander auszuspielen; das eine braucht das andere. Aber es ist die Not unserer nachaufklärerischen und nachidealistischen Kultursituation, daß einem Überangebot an Theologie ein riesiges Vakuum an Theosophie und Spiritualität gegenübersteht.

Es sei noch bemerkt, daß der heutige Mangel an Geist und Weisheit mit eine Folge der überwiegend technischen Handhabung der Welt ist. Früher mußte man zur Befriedigung der nächstliegenden Lebensbedürfnisse (Essen, Trinken, Kleidung, Heizung, Waschen usw.) unmittelbar mit den Sinnen die Güter beschaffen und bereitstellen, wo wir heute Maschinen bedienen. Früher war die naturale Meditation, die unmittelbare Begegnung mit der Natur, viel mehr als heute in der Arbeit mit inbegriffen. Der heutige Mensch muß durch Meditation bewußt ersetzen, was früher in weniger technisierter Arbeit mitgegeben war. Andernfalls verfällt er dem sinnlosen Konsumieren, das abhängig und süchtig macht, aber kein erfülltes Leben schenkt. Das Leben ist der Sinn der Sinne, nicht der Konsum, so wichtig er auch ist in unseren Lebensvollzügen.

## 3. Der Bereich Gottes ist die Nähe

Wo finde ich Gott, wo muß ich suchen, wo kann ich ihn aufspüren? Wenn es Gott gibt, muß er doch irgendwo vor-kommen! Wir kennen die Frage der Jünger: „Wo wohnst du?“ Wir sind darauf angewiesen, daß uns jemand zeigt, wo Gott wohnt, und daß uns jemand sagt: „Kommt und seht!“ (Joh 1,38 f.). Das Kommen und das Sehen sind hier genannt als die Weise, wie man Gott findet; und wenn wir im Johannesevangelium weiterlesen, kommt das Hören noch hinzu. Im Prolog wird Gott „Wort“, „Licht“ und „Leben“ genannt. Das ist ein Hinweis, daß ich Gott *er*hören, *er*schauen und *er*leben muß, wenn ich ihn kennenlernen will. Ich kann einem Gott nicht trauen und mein Leben anvertrauen, von dem ich nur angelernte idealistische Begriffe und Aussagen kenne, die ich unter Androhung ewiger Höllenstrafen mit dem Aufgebot meines Willens glauben muß. Natürlich brauche ich den Glauben, wenn ich Gott begegnen und ihn erfahren will. Aber wenn ich ihm dann begegne, dann muß ich auch spüren und erleben können, daß es diesen Gott an sich gibt, unabhängig von meinem Glauben. Ich muß erleben können, daß er *vor* meinem Glauben da ist und daß seine Existenz nicht in dem Von-mir-geglaubt-Sein besteht. Wenn mir jemand sagt: „Du mußt an Gott glauben“, kann ich das nur akzeptieren, wenn ich irgendwann und irgendwie erlebe, daß dieser Gott mich ergreift und daß er den ersten Schritt auf mich hin tut, und nicht ich auf ihn hin. Gewiß behält der Glaube immer das Risiko der Hingabe, und ich muß mein Leben wagen, damit ich Gott begegne. Aber im Rückblick auf das Wagnis meines Lebens muß ich erkennen können, daß eigentlich ER mich gesucht und gefunden hat, daß ER sein Angesicht nie abgewandt hat von mir. Bei einem Gott, den ich erst zu mir herziehen und „herdrehen“ muß, kann ich mich nicht geborgen fühlen.
Was ist das für ein „erzürnter“ Gott, den ich erst besänftigen und mir gewogen machen muß, damit ich ihn nicht mehr zu fürchten

brauche? Gewiß – die biblische Rede vom „Zorn Gottes“ verleitet dazu, sich Gott vorzustellen wie ein wütendes menschliches Scheusal, das man fürchten muß. Der „Zorn Gottes“ ist eine Deutung der Unheilserfahrungen des Menschen. Gott ist nicht der Urheber des Bösen, aber er hat die Welt und den Menschen so geschaffen, daß es das Böse, Wut, Zorn, Haß und Aggression, Habsucht, Ichsucht usw. geben kann. Gott will das Böse nicht, aber auch das Böse steht in seiner Hand. Zorn, Wut und Haß des Menschen sind Eigenschaften und Eigenheiten des Menschen. Gott hat den Menschen so gemacht, daß Zorn, Wut, Haß usw. ausbrechen, wenn der Mensch sich nicht mehr in der Nähe Gottes befindet. Zorn, Wut, Haß usw., alles Böse ist ein alarmierendes Signal, ein Schrei nach Nähe, ein Schrei nach Gott. (Das Wort „Gott“ verrät diesen Schrei! Denn „Gott“ kommt vom Wort gout = schreien, rufen; Gott = der, nach dem man schreit, wenn man schreit!) „Zorn Gottes“ ist der Zorn, der bei den Menschen entsteht, die aus der Nähe Gottes herausgehen. Dieser Menschenzorn gehört auch Gott, weil Gott den Menschen nie aufgibt, auch wenn er weggeht und in die Leidenschaft des Bösen gerät. Es gibt auch Schrifterklärer, die im „Zorn“ nichts Böses, sondern nur eine wertneutrale, starke emotionelle Kraft erblicken, die erst beim Menschen ins Böse umschlägt. Ob man den „Zorn Gottes“ nun so oder so versteht: Der „Zorn Gottes“ bringt das leidenschaftliche Interesse Gottes am Menschen zum Ausdruck. Gottes Antlitz ist dem Menschen immer zugekehrt, und Gott tut alles – ohne Zwang –, um den Menschen in seiner Nähe zu halten.

Am Anfang des Markusevangeliums lesen wir die gesamte Botschaft, konzentriert in drei Sätzen: „Die Zeit ist erfüllt, das Reich Gottes ist nahe, kehrt um und glaubt an das Evangelium“ (Mk 1,15).

Der erste Satz: „Die Zeit ist erfüllt“ besagt, daß uns mit Jesus alles gegeben und geschenkt ist, was unser zeitliches Dasein erfüllen kann. Mehr hat nicht mehr Platz, mehr kann es nicht mehr geben. Alle Lehren, Meinungen, Offenbarungen und Bewegungen haben sich an diesem Jesus zu orientieren. Der dritte Satz: „Kehrt um und glaubt“ ist die Einladung, Jesus buchstäblich nachzufolgen und sich keine anderen Lehrer und Lehren zu beschaffen.

Dem zweiten Satz: „Das Reich Gottes ist nahe“ gilt nun unsere besondere Aufmerksamkeit. Er gibt die Antwort auf unsere Frage: Wo finde ich Gott? – Gott ist nahe, er ist in der Nähe. Die Geschichte Gottes mit dem Menschen, die in Jesus Christus Höhepunkt und Erfüllung findet, erlaubt es – ja zwingt uns geradezu,

den Satz „das Reich Gottes ist nahe“ praktisch umzusprechen: der Bereich Gottes ist die Nähe.
Alle Jesusgeschichten der Evangelien sind *Nähe-Geschichten.* Sie zeigen, wie Jesus ganz praktisch in die Nähe der Menschen kommt, bzw. wie Menschen in die Nähe Jesu kommen und wie die Menschen in dieser Nähe Heil – Gott – erfahren. Umgekehrt ist jede Näheerfahrung eine „Sickerstelle“, an der Gott vorkommt.
Mit Kindern habe ich „Nähe“ einmal meditiert. Da kam ein Kind zu der Formulierung: „Gott ist *das* Nahe in der Nähe.“ Martin Buber, der wie kaum ein anderer das Phänomen der Gotteserfahrung durchleuchtet hat, formuliert einmal: „Gott ist Beziehung.“ – Durch Jesus wird diese Wirklichkeit letztgültig ausgewiesen und bestätigt.
Nähe entsteht immer zwischen zwei. Sie ist die „Wirklichkeit dazwischen“, das „Von-her- und Auf-hin-Sein“ von zwei Gegenständen bzw. Personen. Nähe ist Zu-gegen-Sein“. Nähe ist Dialog, das Gesprochene und das Gehörte: Nähe ist *Wort;* Wort ist Nähe, und „Gott war (ist) das Wort“.
Unsere ganze Weltwirklichkeit ist dialogisch, beziehungshaft konstruiert: Ich kann mit allen Geschöpfen in die Nähe, in Beziehung, in den Dialog kommen. Und ich selbst bin auch dialogisch konstruiert: Ich finde, erfahre und kenne mich selbst erst, wenn ich mit mir selbst in den Dialog komme, wenn ich Ich-Selbst werde. Nach innen und nach außen kann ich in die „Nähe“ kommen. So kann ich Gott in mir und außer mir finden. Ich finde Gott *in mir,* und ich finde *mich in* Gott. Die Nähe ist die Stelle, an der der Glaube entspringt. Am Nähephänomen, das wohl im Erfahrungsbereich jedes Menschen liegt, kann ich genau zeigen, was der Glaube an seiner Wurzel ist und was der Glaubende mit „Gott“ meint. Glaube ist das Wagnis, das Wesen aller Nähe als etwas Drittes, anderes – als Gott – zu erkennen und zu bekennen. Gott ist das „Nahe in der Nähe“, etwas, das nicht von den Menschen, die Nähe erleben, erzeugt oder „gemacht“ wird.
Schließlich sei noch bemerkt, daß „Nähe“ nie als Zustand, sondern immer als Augenblick und im Augenblick erfahren wird. Aus diesen Augenblicken kann und soll das Bewußtsein der Nähe Gottes entstehen, in dem ich geborgen bin, auch wenn ich Gott und Nähe nicht spüre. Nähe wird erlebt in Nahe-*Kommen.* Nahsein ist „Gekommen-Sein“. Und das Kommen und Immer-wieder-Kommen schließt das Gehen und Immer-wieder-Gehen mit ein. Kein Kommen ohne Gehen, kein Nahsein ohne Fernsein, ebenso wie es ohne Nacht keinen Tag gibt und umgekehrt. Ich kann das,

wovon ich lebe (vgl. auch den Atem) nicht festhalten, ohne daß es (und damit ich selbst) zugrundegeht. Man kann dieses Phänomen auch mit der Pendelbewegung vergleichen: Das Pendel ist immer einen Augenblick ganz nah und ganz fern. So wie man sagen kann: Gott ist in der Nähe, muß man auch sagen: Gott ist „im Kommen", und Gott ist „im Gehen".

Der „Gott im Gehen" ist der Inhalt aller Prozesse des Loslassens im Leben, die immer schmerzlich und leidvoll erlebt werden. Das ist letztlich aber auch der einzige Trost im Leid, daß *Gott* im Gehen ist, wenn wir einen Verlust verschmerzen müssen, und daß er immer nur geht, um wieder ganz neu und anders zu kommen.

Manche Menschen meinen, man könnte durch Institutionen, wie z.B. die Ehe, Nähe festhalten und zum Zustand machen. Nähe als Zustand ist das Unerträglichste, was es gibt. Wer da hineingeraten ist, muß sich trennen oder „scheiden lassen", damit er nicht umkommt. Wer um den Gott in der Nähe und um den Augenblick der Nähe weiß, der ist gerüstet gegen die Gefahr, Nähe zu einem (Dauer-) Zustand machen zu wollen. Durch Institutionen und Einrichtungen kann ich nur den Rahmen und gewisse äußere Bedingungen schaffen, die das Näheereignis erleichtern. So wie Nacht und Tag, so verhalten sich auch Zustand und Augenblick. Das eine braucht das andere, aber ich darf nicht das eine zum anderen machen und vom einen nicht die Eigenschaft des anderen verlangen: Die Nacht ist eben dunkel, und der Tag ist hell. – Gewiß, es gibt auch das Wunder, daß die Nacht „hell wird wie der Tag" und die „Finsternis nicht mehr finster" ist – so wie wir es in der Weihnacht und in der Osternacht feiern. So kann es auch sein, daß das Bewußtsein der Nähe sich verdichtet zur Dauererfahrung der Nähe, zur Dauererfahrung der Geborgenheit in Gott. Aber diese Verwandlung des Augenblicks in den Zustand ist nicht mein Werk, sondern Geschenk Gottes, an dem ich allerdings auch aktiv beteiligt bin, indem ich den Rhythmus von Kommen und Gehen, Nähe und Ferne bewußt auf mich nehme und durch meine Lebensordnung (Fasten, Feiern, Beten) dazu beitrage, daß mir die Augenblicke der Nähe immer wieder geschenkt werden können.

## 4. Alles Irdische ist Symbol

Goethe sagt: „Alles Vergängliche ist nur ein Gleichnis." Ob wir zur Erfahrung von Nähe oder überhaupt zur Erfahrung des Ewigen gelangen, hängt davon ab, wie wir das Irdisch-Vergängliche betrachten und wie wir damit umgehen. In unserer Konsumgesellschaft hat sich ein so starker Wohlstandsbetrieb breit gemacht, daß transzendente und transzendierende Erfahrungen kaum mehr möglich sind. Der Konsum selbst und alles Lusterleben sollten ja auch eine Stelle der Gotteserfahrung sein, in der wir spüren, daß *Gott* will, daß es uns „gut geht", daß *er* will, daß wir unser Leben hier auf Erden trotz allem, was mühselig und schrecklich ist, aufs ganze gesehen als großartig empfinden. So bleibt aber unser Konsum- und Lusterlebnis in Konsum und Lust stecken. Konsum und Lust haben es in sich, daß sie nach *mehr,* nach Steigerung, verlangen. Wir kommen diesem Verlangen nach, indem wir Konsum und Lust steigern, anstatt sie zu transzendieren. So worden wir „dick", aber nicht glücklich, immer abhängiger, aber nicht frei, immer kränker, aber nicht heil. In unserer Gier haben wir die Substanz unserer geliebten Erde schon so weit verbraucht, daß sie in ihrer Existenz bedroht ist. Was ist für uns unser blauer Planet: ein Ausbeutungs- und Verbrauchsobjekt oder ein Lebensraum, ein Paradies, in dem Gott uns begegnet und unsere Mitte ist?

Um unser Leben und unsere Welt zu retten und um die Einstellung und seelische Kraft zu gewinnen, die für das Überleben notwendig ist, muß es uns gelingen, alles Irdische als Symbol wieder zu entdecken und entsprechend damit umzugehen. Symbol (vom griechischen Wort „symballein" = zusammenwerfen, zusammenfallen) ist das Zusammenfallen von zwei Wirklichkeiten in eine, das Erleben von zwei Vorgängen in einem. Durch das Symbol kann ich etwas erleben und erfahren, das ich für sich allein genommen nicht erleben könnte. So kann ich z.B. die Liebe nicht an sich erleben, sondern nur durch Zeichen und Symbole. Symbol ist das Einswerden einer irdisch-vergänglichen, materiellen Wirklichkeit mit einer transzendenten, geistigen, immateriellen Wirklichkeit. Man könnte diese Einheit vergleichen mit den zwei Seiten einer Münze oder noch besser mit den zwei Balken eines Kreuzes. Im Kreuzungspunkt wird das Entweder-oder aufgehoben im Sowohl-als-auch; senkrecht und waagrecht ist im Kreuzungspunkt eins geworden. Im Symbol wird das Unanschauliche anschaulich, das Unbegreifliche begreiflich, das Ewige zeitlich

faßbar. Weil nun alles Materielle, Vergängliche, verknüpft ist mit dem geistigen, ewigen Urgrund allen Seins, ist jeder irdische Gegenstand und Vorgang Symbol für das geistig Ewige. Oder einfacher gesagt: Jedes Geschöpf ist Symbol für den Schöpfer. In jeder irdischen Nähe- und Liebeserfahrung kann ich Gott, das ewige Du, *die* Liebe, *die* Nähe, *das* Leben erfahren.
Das Kind, das einmal sagte: „Gott ist *das* Nahe in *der* Nähe“, hat dann auch konsequent weiterformuliert: „Gott ist *das* Liebe in *der* Liebe“, das, was unsere Liebe „lieb“ macht. Jeder irdische Gegenstand und Vorgang (Blume, Baum, Stein, ein Tier usw., oder die Elemente Feuer, Wasser, Luft) kann mir „lieb“ werden und kann mich be-„geistern“, weil er eben Symbol meines Schöpfers ist.
Dieses Verstehen und Begreifen von Symbolwirklichkeit ist die Voraussetzung, um zu verstehen, was die Sakramente der Kirche sind. Zunächst muß mir aufgehen, daß die ganze Schöpfung sakramentalen Charakter hat, dann kann ich von hier aus die institutionalisierten und ritualisierten Sakramente der Kirche und die Kirche selbst als Ursakrament (Ursymbol für Jesus und für Gott) verstehen lernen. Eine Hilfe zum Verständnis der Symbole ist auch die Beobachtung, die jeder machen kann, daß alle Vorgänge im seelischen Bereich unseres Lebens und Zusammenlebens auf Symbolwirklichkeiten beruhen: Ein Händedruck ist mehr als ein Druck der Hände! Der Tonfall der Stimme, der Ausdruck des Gesichts, die Art des Augenaufschlags signalisieren das „Eigentliche“, das „Innere“, das sich in den Körpervorgängen äußert.
Es sei noch bemerkt, daß es eine andere Art von Symbolen gibt, die durch willkürliche oder unwillkürliche Verknüpfung von zwei Vorgängen oder Wirklichkeiten entsteht. Wenn ich z.B. beim Läuten der Kirchenglocken in die Kirche gehe, werden mir die Kirchenglocken zum Symbol für Kirchegehen, ganz unabhängig davon, daß die Glocke selbst Symbol für Ruf und Anruf ist. Ein anderes Beispiel: Die Kaffeetasse, aus der meine Mutter zum letzten Mal trank, bevor sie starb, ist für mich zeit meines Lebens Symbol für meine Mutter. Sie „erinnert“ mich immer wieder an meine Mutter und hält mich in Verbindung mit ihr.
Es darf auch nicht verschwiegen werden, daß diese Art von Symbolverstehen (zwei Vorgänge und Wirklichkeiten in einem), so plausibel sie erscheint, nicht selbstverständlich ist, weil sie den Glauben und das damit verbundene Wagnis voraussetzt. Es ist nicht selbstverständlich, daß „das Liebe in der Liebe“ und „das Nahe in der Nähe“ etwas anderes, Nichtirdisches, – Gott ist. Es ist

nicht selbstverständlich, daß es die ewige Liebe ist, die mir entgegenkommt, wenn mir ein Geschöpf lieb und teuer und wenn etwas für mich wichtig wird. Man muß sich aus der Betrachtung des Symbolphänomens nicht notwendig für den personal liebenden Gott, der sich in Jesus Christus verkörpert, entscheiden. Ich kann es verstehen, wenn mir jemand entgegnet: „Gott ist nicht *in* dir, in der Blume und im Stein, sondern du bist selber Gott und ebenso die Blume und der Stein! Wenn du nah bist, geliebt wirst und liebst, kommt nicht Gott in dir vor, sondern deine eigentliche Göttlichkeit kommt vor! Du mußt dich nur darauf besinnen, dann kannst du selber deine göttlichen Kräfte zur Entfaltung bringen. Du brauchst keinen anderen Gott als dich selber und den Kosmos."

Im Zeitalter des „Wassermanns", in dem es die vielen geistig-geistlichen Aufbrüche gibt – die wir Christen so dringend nötig haben und hätten –, muß man schon genau hinhorchen, was mit „Gott", „göttlich" und mit „kosmischem Bewußtsein" gemeint ist. Dies ist alles großartig, solange mit „Gott" Gott, „unser" Gott, gemeint ist, der Gott, der *in* mir, *in* der Schöpfung, in der Bibel und in Jesus Christus vorkommt. Aber schon Paulus beklagt, daß so viele das Heil nicht finden können, weil sie „das Geschöpf mit dem Schöpfer verwechseln". Kurz gesagt: weil sie nicht an das Symbol glauben und weil ihnen das „Zwei-in-eins-Denken" fehlt.

Wenn ich mich nach dem Glauben eines Menschen erkundigen will, kann ich natürlich fragen: „Glaubst du an Gott, an Jesus Christus, an die Kirche?" Ich kann aber auch ganz „anonym" nach dem „wahren" Glauben fragen: „Glaubst du an Symbole (im oben dargelegten Verständnis)?"

Der heutige Pantheismus, die heutige „Verwechslung des Schöpfers mit dem Geschöpf", zeigt sich im Bewußtsein universeller Machbarkeit. Alles kann man *machen*! Es gibt nicht wenige Menschen, die meinen, wenn etwas in der Ehe oder in der Erziehung nicht funktioniert, dann geht man zum Berater, der weiß einen Trick, mit dem man die Not beheben kann. Der „Unglaube" wirkt sich als Glaube an die Machbarkeit wohl am schlimmsten aus im Bereich der Kommunikation und Selbstidentifikation. Wenn ich Beziehung und Selbstfindung tatsächlich *machen* oder vom Berater machen lassen könnte –: wenn das so wäre, dann brauchte ich keinen Glauben an Gott. Wenn Gott *das* Heil ist, dann ist ER das „Heil" oder das „Heilende" in jeder Heilung. Die Unterscheidung in menschliche (natürliche) und göttliche (übernatürliche) Heilungen ist an sich sehr irreführend. Es ist ja Gott, der in den natürlichen Vorgängen heilend wirkt. Auch wenn der Mensch die Natur in unerhörter Weise zu handhaben gelernt hat – bis hin zur Genmanipulation –, so ist immer noch Gott der Herr der Naturkräfte. Der Mensch ist und kann immer nur „Mitarbeiter" sein – nie Autor. Je mehr sich der Mensch als Herr der Natur aufspielt, als „Gott der Welt", umso nachhaltiger wird er erleben müssen, daß ihn die Natur in dem Maß vernichtet, als er sie im Bewußtsein eigener Macht zu beherrschen glaubt. Dies gilt für alle Bereiche unseres Menschseins, gerade auch für den Bereich der Psychologie und Psychoanalyse.

Wenn Gott das Heil ist, dann ist er es immer. Der Satz ist umkehrbar: wo Gott, da Heil – wo Heil, da Gott. Man kann gewiß unterscheiden zwischen alltäglichen und sensationellen, unbegreiflichen Heilungen. Aber jede Heilung ist zugleich „natürlich" *und* „übernatürlich"! Wenn Gott das Heil ist, dann wird Beten, Fasten und Feiern tatsächlich zur Lebenshilfe in *jeder* Not, besonders im Bereich der Beziehung zu mir selbst und zu den anderen. Wenn Gott „das Nahe in der Nähe" ist, dann gibt es keine Nähe, keine Liebe, keine Kommunikation und Selbstfindung ohne Gott. Es ist tragisch, daß so vielen Beratern und Therapeuten der Glaube – Gott – fehlt und daß so viele Seelsorger so wenig vom Menschen (und auch von Gott!) verstehen.

Die Symbole machen unseren Glauben plausibel. Und wenn schon heute die meisten, auch junge Menschen, sagen: „Irgend etwas muß es geben", „irgend etwas glaubt jeder", dann habe ich durch das Symbolgeschehen die Möglichkeit, die innere Attraktivität unseres Glaubens zu zeigen. Dabei kann ich auf alle vordergründige Dogmatik verzichten, ich brauche nur die spirituelle Ebene des Erlebens und Erfahrens.

Von hier aus kann ich auch zeigen, wieviel Gemeinsames wir im Prinzip mit den anderen Religionen haben und wo das „einzig Wahre" aufleuchtet. Das „einzig Wahre" muß es an sich und in sich haben, daß es das „einzig Wahre" ist. Wenn ich erst „beweisen" muß, daß es das „einzig Wahre" ist, d.h., wenn man das nicht selber sehen und einsehen kann, dann ist es nicht das einzig Wahre!

Natürlich braucht man zu jeder Religion den Glauben. Aber in unserer Zeit, in der man „alles" glauben kann, ist es die innere Attraktivität der Glaubenswahrheit, die mitwirkt bei der Glaubensentscheidung eines Menschen. Wenn heute viele Christen die Vorstellungen von Reinkarnation und Karmalehre übernehmen und darin mehr Trost für ihr Leben und mehr Kraft gewinnen zur Lebensbewältigung als im christlichen Glauben, dann ist ihnen wohl das Innerste des christlichen Glaubens noch verschlossen geblieben. Wenn die christliche Botschaft, die Wirklichkeit des unbedingten, unverlierbaren und unendlichen Geliebtseins aller Menschen, einmal aufgegangen ist, dann stellt diese Wirklichkeit alles andere in den Schatten. Diese Wirklichkeit macht alle anderen Heilsvorstellungen überflüssig. Jeder Mensch sucht letztlich die für ihn „froheste Botschaft", mit der er leben und sterben kann. Es ist die Aufgabe aller christlichen Verkünder, den christlichen Glauben so zu zeigen, daß jeder spürt: Das ist die froheste Botschaft, die man sich denken kann.

## 5. Leben aus Vertrauen

So wie wir Menschen von Natur aus auf die Welt kommen, fehlt uns etwas. Es fehlt uns das „Eigentliche", das wir brauchen, um glücklich zu sein. Ich fühle mich zwar fähig zum Glück, und mein ganzes Sehnen und Trachten ist auf das Glück ausgerichtet, aber der Ursprung des Glücks liegt nicht in meiner Natur. Wenn der Ursprung des Glücks in der menschlichen Natur selbst läge, dann könnte sich jeder selber glücklich machen. Das, was mich glücklich sein läßt in dieser Welt, in der es Leid und Tod gibt, muß ich erst empfangen; ich bringe es nicht mit auf die Welt. Ich muß mich freilich selbst beteiligen an meinem Glück (theologisch: „Rechtfertigung"), auch wenn ich es nicht „erzeugen" kann.
Der Hinweis, daß die Kinder doch glücklich sind und daß wir selbst vielleicht eine selige Kinderzeit erleben durften, kann über diesen grundsätzlichen Mangel unseres Menschseins („Erbschuld", „Ursünde") nicht hinwegtäuschen. Es müßten ja alle Kinder glücklich sein! Doch wie viele unglückliche Kinder und kranke Kinderseelen gibt es! Wenn ein Kind in einem guten Milieu lebt, lernt es das Vertrauen und kann in diesem „Urvertrauen" glücklich sein. Aber dieses „Urvertrauen" muß gelernt werden. Das Kind bringt die Fähigkeit dazu mit auf die Welt, aber nicht das Vertrauen selbst. Es ist total auf die Liebe angewiesen, die ihm entgegengebracht wird. Nur so kann es Vertrauen „lernen". Selbst wenn ein Kind Urvertrauen gelernt hat, ist es nicht dagegen gefeit, daß die Ängste und Verzweiflungen des späteren Lebens das Vertrauen rauben.

Worin bestehen denn nun praktisch unsere Nöte, und wie werden sie behoben? (Theologisch ausgedrückt: Wie werden wir erlöst und von der Erbschuld befreit?)

*„Un-Zufriedenheit"*

Unzufriedenheit ist eigentlich nur ein anderes Wort für Leiden. Ich bin nicht „zum Frieden", ich habe keinen Frieden, ich gebe keinen Frieden; ich habe keine „Ruhe" und gebe keine Ruhe; mir „paßt" nichts, und den andern paßt auch nichts an mir. Ich bin unzufrieden und unglücklich, weil ich das Glück nicht *habe.* Ich möchte *haben,* und erst, wenn ich habe, kann ich sein; wenn ich das Glück habe, kann ich glücklich sein. Doch muß ich dauernd erfahren: Wenn ich einmal einen glücklichen Augenblick habe, dann bin ich glücklich; aber im Nu ist der Augenblick weg. Oder das andere Leid: daß ich das einfach nicht bekomme, was ich mir als Lebensglück vorstelle. Besonders schwer wird mein Leben, wenn ich die anderen anschaue und meine: Die haben es; die haben genau das, was ich bräuchte. Ich meine, die anderen haben es leichter, denen geht es besser, sie haben „mehr Glück" als ich. Dann falle ich in Selbstbemitleidung, schließlich in Haß und Verzweiflung. Das Verlangen nach Haben bringe ich mit auf die Welt, und dann muß ich erfahren, daß Haben nicht möglich ist, sei es, daß ich das, was ich habe, loslassen muß, sei es, daß ich gar nichts bekomme. Am Ende, in meinem Tod, muß ich überhaupt alles loslassen. Angesichts dieser Realität kann ich, wenn ich realistisch bleibe, nur *trauern.* Paulus nennt dies die „Trauer der Heiden, die keine Hoffnung haben". „Heide" ist hier kein böses Wort. „Heide" ist der ganz „normale" Mensch, so wie er auf die Welt kommt und versucht, sich mit seinen Kräften die Erfüllung seiner Bedürfnisse zu verschaffen. Am Ende steht immer die Trauer, weil einem schon zu Lebzeiten immer wieder alles genommen wird und weil schließlich der Tod kommt, der mit letzter Gewißheit alles verschlingt.

*Angst*

Auch unter diesem Gesichtspunkt können wir unsere Lebensnot (Erbschuld) betrachten. Mit Angst ist hier generell alles gemeint, was man mit Angst, Phobie, Unsicherheit bezeichnet. Man könnte in einer Gruppe die Aufgabe stellen, jeder solle seine Ängste in hierarchischer Ordnung aufschreiben, dann wird man schnell erkennen, daß es keinen Lebensbereich gibt, der nicht von Angst besetzt sein könnte. Angst, zu verlieren; Angst, nichts zu bekommen; Angst, nichts zu gelten; Angst, zu versagen – Angst, Angst, Angst! Man kann die Angst auch als Ursache allen Fehlverhaltens betrachten: Aggressionen, die zerstören – mich und andere; alle Arten von Suchten: Genußsucht, Habsucht, Rachsucht, Eifersucht; schließlich die sinnlose Lust an der Grausamkeit.

Angst wird oft in einem Atemzug genannt mit „Schuld“. Was ist Schuld? Wer ist schuld an der Schuld? Wer ist schuld an der Angst? Man kann diese Begriffe mit letzter Verbindlichkeit nicht definieren und gegeneinander abgrenzen. „Schuld“ kommt von „sollen“; „Angst“ bedeutet Enge. Beides sind Begriffe, die auf verschiedene Weise dasselbe, das menschliche Un-Heil, zum Ausdruck bringen wollen. Wenn man nach der Ursache und Verursachung von Angst und Schuld fragt, gerät man in ein Wirrsal von Verflechtungen. Niemand kann sagen: ich bin ganz allein schuld an meiner Schuld; ebensowenig kann ich sagen: nur die anderen (oder anderes) sind schuld. Angst und Schuld stehen nun einmal in meinem Leben. Die Frage „Woher kommen Angst und Schuld?“ ist nur dann sinnvoll, wenn sie mir hilft, herauszukommen. Was nützt mir eine Analyse des Elends, wenn die heilenden Kräfte fehlen?

Angst ist Enge. Dort, wo ich bin, ist es mir zu eng. Ich fühle mich eingeschlossen, eingesperrt. Ich habe an der Stelle meiner Angst keinen Raum; ich darf nicht da sein, wo ich bin, nicht so sein, wie ich bin. Vielleicht kann ich unbedeutende Ängste ganz legitim verdrängen, vielleicht manche Ängste „abgewöhnen“. Aber die Lebensängste kann ich nicht mehr verdrängen, ohne mir selbst noch mehr zu schaden. Aber wie bewältige ich die Angst? Im Zusammenhang mit dieser Frage gewinnen Bibelworte wie „Du stellst meinen Fuß ins Weite“ (Ps 31) oder „Du hast mir Raum verschafft, als mir angst war“ (Ps 4,2) ihre ganz spezielle Bedeutung. Es geht ja nicht darum, daß ich von der Angststelle meines Lebens fliehen kann; denn da, wo ich Angst habe, ist gerade mein Leben. Wenn ich vor der Angst, meiner Angst, fliehe, fliehe ich vor mir selbst. Es geht darum, daß sich da, wo ich stehe, meine Enge weitet, daß mir mein Kerker zum Lebensraum wird. Was ich als Enge erlebe, muß für mich *Raum* werden. Wer verwandelt meine Angst in Raum? Wie geschieht das?

*Todesnot*

Schließlich kann ich meine Unzufriedenheit und meine Angst auch als Todesnot betrachten. Unzufriedenheit, Angst, Tod – das sind die Wirklichkeiten, die mich umbringen, d.h. „ums Leben“ bringen.

Paulus redet im ersten Korintherbrief vom Sieg, der den Tod verschlingt. Er meint dabei Jesus, der alle menschliche Not auf sich genommen hat und dabei letztlich nicht *ums* Leben, sondern *zum* Leben gekommen ist. Paulus denkt weiter und fragt sich: Was ist es denn eigentlich, was den Menschen wirklich umbringt? Der Tod als solcher? Die Verluste in unserem Leben als solche?

„Tod, wo ist dein Stachel? Der Stachel des Todes aber ist die Sünde, die Kraft der Sünde ist das Gesetz“ (1 Kor 15,55 f.). Der „Stachel des Todes“ ist das, was am Tod tötet, das Tödliche am Tod. Und das ist nicht das Sterben, sondern die *Sünde*. Das Wort „Sünde“ ist auch wieder ein schillernder Begriff. Wenn die Bibel von „Sünde“ redet, ist es am besten, immer zu denken: Sünde = Fehlen Gottes. Sünde ist eine leere Stelle, an die nur Gott hingehört. Wenn Gott die Mitte unseres Lebens ist, dann ist alles im richtigen Verhältnis, dann hat alles seinen Platz. Wenn die Mitte leer ist, wenn ich etwas anderem als Gott, nämlich mir selbst, den Platz in der Mitte gebe, wenn Gott fehlt, dann hat der Tod seinen Stachel, dann tötet er. Dann ist meine Angst und Trauer begründet und berechtigt.

Der Satz „Die Kraft der Sünde ist das Gesetz“ ist nicht ganz einfach zu verstehen. Das Kräftefeld des Gesetzes, des Gesetzesdenkens und Gesetzeshandelns, ist der Bereich der Sünde. Wo Gott fehlt, braucht der Mensch Gesetze, Gebote, den Druck der Angst, aus der er die Gesetze und Gebote erfüllt. Ohne Gesetz und Gebot, ohne Angst, würden sich die „sündigen“ Menschen (Menschen, die nicht in Gott verankert sind) selbst vernichten. Das Gesetz ist „die Ordnung“ der Sünde, es regelt und ermöglicht das irdische Leben und Zusammenleben von uns sündigen Menschen. Die Kraft zum Gesetz und das Ja zum Rechtsstaat muß der sündige Mensch aus sich aufbringen, wenn er nicht im totalen Chaos untergehen will. Darum sollten wir die “Kraft der Sünde, das Gesetz“ nicht verachten. Aber diese Kraft erlöst uns nicht. Sie ist hilfreich für die äußeren Lebensbereiche, die dem Gesetz des Todes unterstehen, aber in unseren eigentlichen existentiellen Nöten hilft sie uns nicht. Wir müssen zunächst im Bereich der Sünde existieren. Aber um zum eigentlichen Leben zu gelangen, in dem alle Nöte aufgehoben sind, müssen wir diesen Bereich überschreiten. Das können wir nur durch das *Gott-Vertrauen*.

Durch unser Gott-Vertrauen setzen wir Gott wieder auf den Platz in der Mitte unseres Lebens. Dadurch verliert der Tod – und alles

andere, das uns „stechen“ kann – seinen Stachel. Ein vollkommenes Leben aus Gottvertrauen wird uns nie gelingen. Darum brauchen wir praktisch auch immer noch die „Ordnung der Sünde“. Nur anfanghaft kann es uns gelingen, aus Gott, aus der Liebe, zu leben. Aber wir können uns einüben in Gott durch Einübung des Gottvertrauens. Dadurch kann es uns gelingen, unsere Unzufriedenheiten, Ängste und Todesnöte so weit zu reduzieren, daß wir überwiegend angstlos und glücklich leben können.
Es ist gar nicht nötig, einzelne Stellen aufzuweisen, in denen Paulus den vertrauenden Glauben als einzige Möglichkeit der Erlösung (oder „Rechtfertigung“) darstellt; denn die gesamte paulinische Theologie und Pastoral ist erfüllt von diesem Gedanken. Kennzeichen des Erlösten und damit des Christen ist das Vertrauen und die Identität (Selbstannahme) durch Vertrauen – nicht moralische Vollkommenheit. Natürlich ist Moral wichtig auch für den Christen. Gottvertrauen schließt Moral ein, aber umgekehrt ist mit der Moral noch kein Gottvertrauen gegeben.

NUR EINER

Wer das Geschenk mit dem verwechselt,
der es schenkt,
schafft sich die Hölle aus dem Himmel.
Du darfst nur Gott vergotten.
Der liebste Mensch wird dir zum Teufel,
wenn du ihn vergottest.

# Mein Leben bist du

*Leben und Tod lege ich dir vor, Segen und Fluch.*
*Wähle also das Leben, damit du lebst, du und deine Nachkommen.*
*Liebe den Herrn, deinen Gott, hör auf seine Stimme, halte dich an ihm fest;*
*denn er ist dein Leben!* (Dtn 30,19 f.)

## 1. Abhängigkeit und Selbständigkeit

Der Mensch – jeder Mensch – ist ein nicht festgelegtes, nicht festgestelltes Wesen. Der Mensch „stellt fest“, aber er selbst ist nicht festgestellt. Von dieser Einsicht hängt mein ganzes Leben ab. Diese Einsicht kann ich gewinnen durch die Betrachtung des Phänomens „Mensch“ innerhalb der Schöpfung, innerhalb der Menschheitsgeschichte und innerhalb meines eigenen Lebens.
Gewiß will der Mensch auch unabhängig und „frei“ sein, – aber er ist es nicht und wird es nicht. Tatsächlich ist es so: Je mehr einer unternimmt zur Selbstbefreiung, desto abhängiger wird er von sich selbst, desto mehr ist er sich selbst ausgeliefert, seinen Trieben, Launen und Bedürfnissen. Es ist ein tragisches Paradox: Je mehr ich mich aus eigener Kraft befreien möchte, desto mehr werde ich der Sklave meiner selbst. Ich gerate unter den Zwang meiner Suchten und Ideologien (Haß, Rachsucht, Eifersucht usw.). „Ich brauche das ganz einfach“, das ist die kategorische Forderung des Abhängigen. Der Süchtige wird nie zu-frieden, weil er immer „mehr“ braucht. Es fehlt ihm immer „mehr“. Der Glaubende vermag diesen Hunger nach „immer mehr“, der konkret im körperlich-sinnenhaften Bereich erlebt wird, zu deuten als einen ganz praktischen sinnlichen Hunger nach Gott, „der allein meines Herzens Sehnsucht stillt“. – Sehr viele Lebensverdrossenheiten, Verstimmtheiten und „Unlüste“, die auch uns „Gläubigen“ zu schaffen machen, sind nichts anderes als Verwöhnungssyndrome, Konsumabhängigkeiten, unter denen wir im Überfluß Lebenden alle leiden.

Es ist das Paradox des Lebens: Ich fühle mich frei und unabhängig, aber sobald ich darangehe, meine Freiheit (ohne Gottvertrauen) zu verwirklichen, gerate ich in furchtbare Abhängigkeit. Für den Gläubigen und Glaubenswilligen sind ständige Selbstbeobachtung und Gewissenserforschung nötig. Die Gründe für Ärger, Unzufriedenheit, Verdrossenheit und Suchten aller Art haben einen gemeinsamen Nenner: Mangel an Harmonie und Selbstannahme, letztlich Mangel an Gottvertrauen. Gleichzeitig wird aber auch deutlich, daß Glaube und Vertrauen im Leben nur dann wirksam werden, wenn wir sie ganz praktisch, körperlich-sinnenhaft verwirklichen. Ein intellektueller Glaube kann meine Suchten nicht heilen. Erst wenn ich faste, bete, feiere, wenn ich meinen ganzen Körper mit Lust und Schmerz in das Glauben und Vertrauen einbeziehe, kann ich „Heil" erlangen, – erst dann kann es mir „gut gehen".
Wenn ich mein Menschsein so betrachte, stoße ich schließlich auf ein Paradox: Ich bin nicht festgelegt, ich bin nicht abhängig, gleichzeitig aber erlebe ich totale Abhängigkeit. Meine ganze Freiheit besteht schließlich darin, daß ich mir die Abhängigkeit, die ich eingehen möchte, bis zu einem gewissen Grad selber wähle. Abhängig bleibe ich immer. Es fragt sich nur, in welche Abhängigkeit ich mich begebe oder treiben lasse.
Auch wenn ich mich in meiner Entwicklungsgeschichte betrachte, gelange ich zu ähnlichen Einsichten. Zunächst bin ich ganz in meiner Mutter. Ich gehöre ihr, und sie gehört mir. Für die ersten Lebensjahre bleibt diese Symbiose. Einer kann ohne den anderen nicht leben. Wenn kleine Kinder zu früh abgestoßen werden und keine Symbiose erleben, fehlt die wichtige Lebensphase, in der das „Urvertrauen", die „Urabhängigkeit", gelernt wird. Wenn ich einmal ganz „Gott gehören" und ihm vertrauen soll, muß ich das „Ganz-Gehören" am Modell der Mutter und des Vaters lernen. Im Vergleich zu anderen Lebewesen ist beim Menschen die Phase totaler Abhängigkeit besonders lange und intensiv.
Nach der Phase der Symbiose muß – wie bei allen Lebewesen – die Ablösung erfolgen, sonst unterbleibt die Selbständigkeit. Beim Tier erfolgt die Ablösung schnell und unkompliziert. Das Tier findet seine Selbständigkeit als funktionierendes Wesen innerhalb der Gesetze seines Regelsystems. Durch Trieb und Triebhemmung ist alles geregelt; das Tier ist „in Ordnung". Beim Menschen, der Bewußtsein und Freiheit besitzt, ist das ganz anders. Er ist nicht von vornherein „in Ordnung", er muß sich und

sein ganzes Leben selbst „in Ordnung bringen". Dabei muß er die Ordnung – freilich mit Einblick in die vorgegebenen Ordnungen – selbst erst schaffen (Staat, Gesellschaft), in denen er leben kann und will.
Ein „ordentlicher" Mensch, d.h. ein Mensch, der die Lebensordnung bejaht und einhält, kann gewiß leben und zu einer äußeren Selbständigkeit gelangen, aber er sehnt sich immer noch nach „mehr", nach Glück, Liebe und Geborgenheit. Der Mensch ist ein personales Wesen, er kann sich lieben lassen und er kann lieben. Ich erfahre die Liebe zunächst in der totalen Abhängigkeit des Kindes von den Eltern. Heute weiß jeder, wie entscheidend die Grunderfahrung sicherer Geborgenheit für das ganze Leben ist. Ganz und gar jemand gehören, getragen sein, sich verlassen können, immer jemand haben, genährt („gestillt"!) werden, gewaschen werden, zur Ruhe gebracht werden, berührt werden, eingesalbt werden, verbunden werden und noch vieles andere, – das sind Erfahrungsmomente, die für die Fähigkeit, trauen zu können, grundlegend sind.
Diese Erfahrungsmomente sind weithin eingegangen in die Zeichenhaftigkeit der Sakramente. Durch diese Verklammerung der Grunderfahrungen mit den Sakramenten wird deutlich, wie das eine durch das andere seinen tiefen Sinn bekommt. Die menschliche Grunderfahrung des Angenommenseins ist das erste, wodurch Gott seine Liebe schenkt. Dieselbe Liebe schenkt Gott in den Sakramenten (durch Jesus Christus) in einer von der unmittelbaren Elternbeziehung abgelösten Weise. Was der Prophet Ezechiel von der Geburt Jerusalems (Israels) aussagt (vgl. Ez 16,1-7), beschreibt den eigentlichen Inhalt und Sinn jeder menschlichen Säuglings- und Kinderpflege: „*Ich* sagte zu dir: Bleib am Leben! Wie eine Blume auf der Wiese ließ *ich* dich wachsen!"
Die Grunderfahrungen in der Elternbeziehung werden dann weitergeführt und ergänzt in den zwischenmenschlichen Beziehungen, besonders in der Beziehung zwischen Mann und Frau (Erotik und Sexualität eingeschlossen). Heute müssen viele Menschen mit einer schlechten Kindheit leben. Für sie müssen spätere und andere Beziehungen ersetzen, was in der Elternbeziehung gefehlt hat. Wer glaubt, daß *Gott* die Liebe ist, der kann darauf vertrauen, daß ER sich auch bei einer mißglückten Kindheit (und Partnerschaft) dem Menschen mitteilt, – wenn nicht mehr in diesem Leben, dann in einem anderen. Auch die Partnerbeziehung beschreibt der Prophet als Ort der Grunderfahrungen der Liebe Gottes (vgl. Ez 16,7-14): „Deine Brüste wurden fest, dein Haar

wurde dicht ... *Ich* ging mit dir einen Bund ein, und du wurdest mein."
Der Prophet schließt auch die Sünde des Menschen mit ein, die Un-Treue. Der Untreue des Menschen stellt er Gottes Treue gegenüber (vgl. Ez 16,55 ff.): „Du hast dich zur Dirne gemacht ... Aber ich liebe dich mit der Liebe der ersten Tage und will einen ewigen Bund mit dir eingehen" (Vers 60). „Ich selbst gehe einen Bund mit dir ein, damit du erkennst, daß *Ich* der Herr bin, ... weil ich dir alles vergebe" (Verse 62 f.).
Wir wissen, wie tragisch es sich auswirkt, wenn Elternbeziehungen, besonders die Mutterbindungen, nicht oder nicht genügend abgelöst werden. Wer sich von der Symbiose mit der Mutter nicht befreit, wird selber wieder symbiotische Beziehungen suchen. Der Gefesselte kann die anderen auch nur fesseln, und der Teufelskreis der gegenseitigen Vereinnahmung hört nicht auf.
Der Prophetentext ist ein Schlüssel zum wohl schwierigsten Reifungsproblem der Abhängigkeit und Selbständigkeit. Symbiose, totale Abhängigkeit, muß gelebt und erfahren werden, damit sie sich weiterentwickelt, durch alle menschlichen Ablösungen hindurch, zur Symbiose mit Gott, in der wir alle irdischen Probleme meistern können.
Der gläubige Erzieher und Seelsorger sieht die Abhängigkeit positiv, als Fähigkeit, an jemandem zu hängen, die dem Menschen Glück bringt, wenn sie zum Gottvertrauen reift. Der nichtgläubige Erzieher und Psychologe weiß nur, daß menschliche Symbiosen abgebaut werden müssen, damit der Mensch selbständig wird, aber es bleibt die Frage offen, wie das geschehen soll ohne Gott. Selbständigkeit durch Gottvertrauen, Selbständigkeit durch die „Ab-Hängigkeit" von Gott, – dies ist ein Ziel, das wir hier auf Erden wohl nie vollkommen erreichen, aber es zeigt uns die Richtung unseres Strebens nach Freiheit, Glück und Frieden. – „Für dich sind wir geschaffen, o Herr, und unruhig ist unser Herz, bis es ruht in dir" (Augustinus).

## 2. Bestätigung und Selbstbestätigung

Wie der Mensch ein abhängiges Wesen ist und bei aller Ablösung auch bleiben wird, so ist er ständig angewiesen auf Bestätigung. Ich kann selber nur stehen, wenn mich jemand aufstellt und hinstellt, d.h. „be-stätigt". *Daß* ich stehe, *wie* und *wo* ich stehe, das muß mir ein anderer sagen, oder ich muß es irgendwo vergleichen und ablesen können, damit ich weiß, daß ich und wo ich stehe. Mein ganzes körperliches Dasein wird mir nur durch Bestätigung, durch Feedback, bewußt. Daß ich z.B. eine Hand habe und was eine Hand ist, das lerne ich (schon als Säugling) durch Greifen. Zunächst bewege ich nur meine Hand, ich taste, ich wage es, mich ganz absichtslos zu rühren, nur weil ich mich rühren kann und weil es mich dazu drängt. Dann stoße ich auf einmal auf einen Widerstand und erlebe: Da ist etwas, und gleichzeitig spüre ich, daß *ich* etwas habe, mit dem *ich* etwas berühren kann: meine Hand. Daß ich eine Hand habe, das lerne ich durch die Begegnung mit der Welt. So wird *die* Hand meine Hand, die ich nun mit immer mehr Bewußtsein *selbst* gebrauchen kann: Ich lerne „hand-eln", d.h. meine Hand mir gemäß gebrauchen. So wird die Hand wichtigstes Ausdruckmittel meiner selbst. Die anderen können mich an meiner Hand und an meinem Handeln erkennen: wie ich jemandem die Hand gebe, wie ich etwas anfasse (verkrampft, unverkrampft, sicher, unsicher, behutsam, liebend, schroff und abweisend ...), und an allem, was ich tue und wie ich es tue. Es ist das Ziel meiner Reifung, daß ich immer mehr eins mit mir selber werde. Diese Identität drückt sich aus im Einssein mit meinem Körper.

Was wir eben betrachtet haben mit der Hand, ist nur ein kleiner Teilbereich meiner Selbstfindung. Als Ganzer, als ich, der ich bin, erfahre ich mich nicht von vornherein, sondern erst in der Be-Gegnung. Ich treffe jemand an, und in seiner Reaktion erlebe *ich* mich, und *ich* re-agiere (zurück). Um mich zu erleben, brauche ich ein Gegenüber, eine*n* „Gegen-Wart", d.h. einen Menschen, der mich wartet und pflegt. In dieser „Gegen-Wartung" erlebe ich mich „gegenwärtig", „präsent". Wenn ich nun überwiegend erlebe, daß sich der andere über meine „Gegenwart" freut, kann auch ich mich freuen über mich selbst, darüber, daß es mich gibt. Wenn mich der andere fühlen läßt, daß ich ihn störe, bin ich selber gestört und kann mich nicht leiden (und den andern auch nicht).

Viele Menschen, Kinder und Erwachsene, leiden an Verhaltensstörungen, weil sie nicht oder zu wenig gemocht werden. „Mehr Liebe" – das ist die einfache Formel für alle Therapien. Aber woher bekomme ich sie!? Wie kann ich jemandem liebende Bestätigung geben, wenn ich zwar weiß, daß er Liebe braucht, wenn ich ihn aber einfach nicht mögen kann? – Lassen wir die Frage zunächst offen.

Es ist noch zu erwähnen, daß Bestätigung immer ein gegenseitiges Geschehen ist. In deiner Gegenwart erlebe nicht nur ich mich gegenwärtig, sondern auch du wirst durch meine Gegenwart präsent. Entscheidend ist, daß wir *zusammenkommen*. Und damit wir zusammenkommen, müssen wir zusammen *kommen*; d.h., jeder von uns muß bereit sein, sich auf den anderen einzulassen und das Risiko der Begegnung auf sich zu nehmen. Einer muß freilich beginnen. Er muß sich aufmachen, aufbrechen, aus sich herausgehen und den anderen „an-gehen". Aber der „Angegangene" muß sich angehen lassen, er muß sich anschauen, ansprechen, anrühren, treffen lassen, damit der Begegnungsprozeß stattfinden kann, in dem sich die Menschen in gegenseitiger Bestätigung selber finden können.

Die gegenseitige Bestätigung ist auch der Grund, warum sich Menschen *versammeln*. Wir „finden" uns immer wieder „ein", damit wir uns „zusammen- finden" und uns selber dabei finden, wenn wir uns verloren haben in der Selbstentfremdung.

Wenn heute verstärkt die Frage gestellt wird, was Jesus eigentlich gewollt habe, so kann man wohl ganz einfach antworten: daß wir uns immer wieder in seinem Namen versammeln und in der Versammlung unsere „Selbst"-Bestätigung erfahren. Das Wort „Selbstbestätigung" steht hier an der richtigen Stelle. Selbstbestätigung heißt ja nicht, daß ich mich selber bestätigen muß, sondern daß mein Selbst in der Versammlung (Begegnung) seine Bestätigung erhält, als Frucht und „Er-gebnis" der Begegnung.

Menschen können sich „auf-machen" und zusammen zu einem vereinbarten Treffen (Treff-Punkt) kommen, aber daß aus dem Zusammen-Kommen ein Zusammenkommen (Kommunikation, Vereinigung, Bestätigung) wird, ist letztlich nicht machbar. Kommunikation, Selbst-Bestätigung ist Geschenk, ist Gnade. Wenn ich dem anderen etwas sagen *darf*, was ihn bestätigt, und wenn ich mich bestätigt sehen *darf* durch den andern, erlebe ich die einende Kraft des Lebens und der Liebe, die ich nicht erzeugen kann. Wenn auch nur zwei Menschen sich versammeln und Bestätigung erleben, dann erleben sie etwas, eine einende, bestätigende Kraft, die durch sie kommt, aber nicht von ihnen ausgeht. Man kann dieses wunderbare Geschehen mit dem Wort „Beistand" darstellen: Wenn Menschen zusammenkommen und bei-ein-ander-stehen (wenn einer beim andern steht), kann es geschehen, daß einer dem andern bei-steht. In den Formulierungen „ich stehe bei dir" und „ich stehe dir bei" wird ein Geschehen zum Ausdruck gebracht, das wir als Wirken des „Beistandes"

erkennen können. Wenn du vor, neben, hinter, bei mir stehst, kann es sein, daß ich dich als Beistand erlebe, d.h., daß ich durch dich (der du bei mir stehst) *den* Beistand (Gott, den Heiligen Geist) erfahre.
Wenn nun Menschen durch ihren Glauben wissen, daß das Eigentliche, das sie in der Versammlung suchen, die Bestätigung ist, die der Beistand schenkt, dann werden sie sich von vornherein „in seinem Namen" versammeln. Dadurch wird die Begegnung zum Sakrament, zur Gotteserfahrung. In der menschlichen Begegnung fühle ich mich bestätigt – letztlich durch Gott.
Alle Arten menschlichen Zusammen-Seins können Orte der Bestätigung durch Gott werden. Zum Heil und zur Heilung des Menschen ist es gerade in unserer Zeit wichtig, Erotik und Sexualität in ihrer Bedeutung für das Zusammen-Sein neu zu entdekken. Die Älteren von uns haben vielleicht Schwierigkeiten, Erotik und Sexualität positiv zu sehen wegen der repressiven, lustverneinenden Erziehung, die sie geprägt hat. Vorwiegend für die Jüngeren ist es mühsam, sich von den Konsumzwängen und von dem nur konsumhaften Erleben von Erotik und Sexualität zu befreien und zum zeichenhaften (sakramentalen) Erleben zu gelangen. Beim zeichenhaften Erleben von Kommunikation aller Art wird letztlich immer Gott, der Beistand, als der eigentliche Ursprung und Inhalt des Geschehens erkannt und anerkannt. Das Sinnlich-Vergängliche erscheint nicht mehr als Inhalt, sondern als Medium des Geschehens. Es darf freilich nicht verschwiegen werden, daß in jedem Kommunikationsgeschehen, besonders im erotischen und sexuellen Bereich, auch die zerstörerisch-egoistischen Kräfte hervortreten, die der Kommunikation entgegenwirken und sie gefährden (vgl. die Bemerkungen zur Abhängigkeit von Konsum in den Suchten!). Durch bewußt und treu geübte Disziplin, durch die Übung von Enthaltung und Fasten, habe ich die Möglichkeit, die zerstörerischen und egoistischen Kräfte in mir einzudämmen und falschen Abhängigkeiten entgegenzuwirken.

*Sonntagsfeier: Pflicht oder Lebenshilfe?*
Von der lebensnotwendigen Erfahrung der Selbstfindung und Selbstbestätigung her kann *der Sinn des Sonntags und der Sonntagsfeier* neu entdeckt werden. Diese Erfahrung liegt der sog. „Sonntagspflicht" zugrunde. Das Sonntagsgebot ist heute für viele Katholiken sinnlos geworden. Es fehlt der gesellschaftliche Druck von außen; man „muß" nicht mehr in die Kirche gehen, es

fällt nicht mehr auf, wenn ich fehle. Wir können heute Regeln, Gebote und Gebräuche nicht mehr unbesehen übernehmen; wir sind darauf angewiesen, zu den Grunderfahrungen vorzustoßen, aus denen die Regeln und Gebote entstanden sind. Wer den Sonntag retten will, kann heute nicht mehr mit den „Pflichten gegen Gott" argumentieren. Was wäre das für ein Gott, der erzürnt wird, wenn ich nicht in die Kirche komme! Wir müssen heute vielmehr zeigen, wie wir Menschen auf Bestätigung angewiesen sind, daß wir eine freimachende Abhängigkeit brauchen, um unser Leben zu bewältigen, und welches Angebot an Lebenshilfe der sonntägliche Gottesdienst darstellt. Dabei müssen wir möglichst viele Grunderfahrungen bewußtmachen: was alles geschieht, wenn Menschen sich versammeln und sich zusammenfinden; was geschehen kann, wenn sie sich im Namen Jesu versammeln, indem sie sich seinem Wort und den Zeichen seiner Gegenwart aussetzen; wie man aus der Begegnung mit den Menschen und mit Christus tatsächlich immer wieder neu leben kann.
Wenn heute viele Menschen sich beschweren, daß unsere Eucharistiefeiern so langweilig sind, so mag das berechtigt sein, wenn die Feiern mit zu wenig Liebe und Freude gestaltet sind. Die Freudlosigkeit und Lebensverdrossenheit vieler Priester wirken sich verheerend auf Verkündigung und Feier aus. Die Kritik an der Kirche, insbesondere an den Gottesdiensten, ist aber auch Ausdruck der allgemeinen seelischen Konsumschäden der heutigen Menschen. Man fragt nicht mehr nach dem, was ist, sondern vorwiegend nur mehr nach dem, „was geboten wird". Dabei werden so hohe Ansprüche gestellt, daß die Menschen, die für die Feiern verantwortlich sind, sich überfordert sehen und oft gerade deshalb die Freude verlieren. Feiern heißt sich absichtslos und anspruchslos den einfachen Zeichen aussetzen, die gerade in ihrer Einfachheit ihre tiefe Bedeutung offenbaren und ihre Lebenswirklichkeit mitteilen. Die Erziehung zur Zeichenhaftigkeit ist heute *die* vordringliche Aufgabe in der Erziehung zum Leben.

## 3. Was ich halte, hält mich

Bei der Betrachtung des Wortes „vertrauen" haben wir schon gesehen, daß ich durch Vertrauen Halt und Festigkeit bekomme von einem andern. Ich muß eine Bindung und Verbindung herstellen, damit diese Kraft in mich einströmen kann. Je stärker die

Bindung, desto stärker der Kraftfluß. Diese Wirklichkeit kann ich mir verdeutlichen und bewußtmachen durch Symbolspiele. Beispiele:
Die Haltekraft eines Baumes kann ich spüren, wenn ich seinen Stamm ganz fest umarme. Ich spüre, wie seine Kraft in mich eingeht und mich hält, wie seine Wurzeln meine Wurzeln werden, wie seine Krone meine Krone wird; ich gewinne Anteil an seinem Leben. Wenn Kinder auf den Baum klettern, suchen sie ja – freilich mit mehr oder weniger Bewußtsein – solche Erlebnisse und Erfahrungen: getragen sein, oben sein, oben wohnen (Baumhaus), erhoben und erhaben sein, den Baum als „festen Freund“ haben.
Ähnliche Erlebnisse und Erfahrungen schenkt die Begegnung mit „Berg“ und „Fels“. Ich muß mich auf den Berg begeben und mich mit meinem ganzen Gewicht, mit meiner ganzen Last auf den Felsen stellen und mich ihm „anvertrauen“, mich auf ihn „ver-lassen“; dann kann mir bewußtwerden, wie er mich trägt, wie er mich tragen wird, auch wenn ich noch mehr belastet bin und zusammenbreche. In der Begegnung mit Fels und Berg kann in mir der ganze Erfahrungshorizont auftauchen, der in dem häufigen Psalmen- und Prophetenwort eingeborgen ist: „Gott, du bist mein Fels.“ Daß Gott tatsächlich „mein Fels“ wird, kann freilich nur geschehen, wenn ich mich ganz auf ihn verlasse. Gott kann mich nur ganz halten, wenn ich nicht auch noch anderswo Halt suche.
Auch ein Stock oder ein Stein können mir Erlebnisse vermitteln, in denen die Grunderfahrung des Vertrauens enthalten ist. Ich kann mich auf einen Stock nur stützen, wenn ich ihn festhalte. Der Stock wird mich fest halten, wenn ich mich an ihm festhalte. Man kann den Kraftfluß praktisch spüren, wenn mein ganzes Gewicht vom Stock aufgenommen und zum Boden, der alles trägt, weitergeleitet wird.
Der Hirte, der auf seinen Stock gestützt zur Ruhe kommt, daß er sogar schlafen kann, ist ein Bild für den Menschen, der auf Gott gestützt seine Ruhe findet. Der Psalm 23 ist wohl deshalb so beliebt, weil er in besonderer Weise das Gottvertrauen anspricht und zum Gottvertrauen ermuntert. („Der Herr ist mein Hirt... Sein Stecken und sein Stab, sie leiten mich...“)
Wenn ich einen Stein fest halte, spüre ich seine Festigkeit. Wenn ich mich einige Zeit diesem Erlebnis aussetze, kann die Erfahrung entstehen, daß ich etwas ganz Festes in der Hand habe, daß das, was ich halte, fester ist als ich selbst. Der Stein ist fest, zuver-

lässig, „treu“. Er war Jahrmillionen vor mir und wird nach mir noch sein. Der Stein, den ich halte, kann mir Halt, Festigkeit und „Treue“ geben. Der Stein ist „zu-ver-lässig“, er ist zum Sich-Verlassen. Wenn ich mich auf ihn verlasse, macht er mich zuverlässig. Es kann tatsächlich für mein Lebensgefühl hilfreich sein, wenn ich einen festen Gegenstand habe, den ich immer wieder „fest nehmen“ kann. „Gott, du bist mein Stein.“

Bei den Symbolbetrachtungen darf man nicht übersehen, daß alle Symbole und im Grunde auch alle Worte polar zweideutig sind: Der Fels trägt mich sicher, ich kann aber auch abstürzen; der Baum hält mich, er kann mich aber auch erschlagen; das Wasser trägt mich, ich kann aber auch ertrinken; der Stock stützt mich, er kann aber auch zum Folterwerkzeug werden; der Stein gibt mir Festigkeit, er kann aber auch zum Stolperstein werden. Überall, wo es sich um Lebenswirklichkeiten handelt, geht es um polare, paradoxe Wirklichkeiten, weil das ganze Leben in paradoxer Spannung verläuft. Die Harmonie des Lebens besteht nicht in Spannungslosigkeit (Leid- und Schmerzlosigkeit), sondern im Rhythmus von Spannung und Entspannung. Ein Mensch wird in dem Maße zu einem harmonischen Leben gelangen, als es ihm gelingt, die Gegen-Sätze und Gegen-Teile („Unkraut und Weizen“) in gleicher Weise anzunehmen als Teile des einen großen Ganzen. Die Gegen-Teile sind sozusagen die Vorgabe des Lebens. Durch mein Annehmen beider Teile entsteht das eine neue Lebendige: mein Leben.

Die negativen Lebenserfahrungen (und Symbolerfahrungen) müssen nicht notwendig die positiven ausschalten. Freude- und Leiderfahrungen müssen sich gegenseitig nicht aufheben. Ich kann nämlich durch die positiven Erfahrungen und durch die Betrachtung aller Lebensvorgänge auch zu der Einsicht gelangen, daß beides das Leben erst ausmacht; daß das Leben „gut“ ist, auch wenn es wesentlich im Spannungsfeld von Gut und Böse verläuft. Das Böse wird nicht bewältigt durch Auslöschung, sondern durch Annehmen in Glaube, Hoffnung und Liebe.

Bei allen Betrachtungen über die Vorgänge des Vertrauens wird deutlich, daß zum Vertrauen wesentlich das Risiko gehört und daß es letztlich immer um alles oder nichts geht. Gott kann nur mein *ganzer* Halt sein; er kann mich nur ganz oder gar nicht halten. Für viele durchaus gläubige und fromme Menschen wird Gott nicht zum Halt des Lebens, weil sie sich oft nicht genügend an ihm festhalten durch die Übungen von Fasten, Feiern, Beten und/oder weil sie sich nicht *ganz* an ihm festhalten.

In vielen Lebensbereichen halten wir uns praktisch doch immer wieder an etwas fest, was uns nicht halten kann – an Geld, Besitz, Leistung, Konsum oder an einem Menschen, der zusammenbricht unter unserer Last. (Menschen sind mit Menschen immer überfordert; ich kann nur in dem Maße die Last von Menschen aushalten, als Christus der Halt in mir geworden ist. Man sollte sich nicht wundern, wenn Menschen aneinander zerbrechen; das ist das Normale! Normen und Gesetze können Hilfen sein zum gegenseitigen Existieren-Lassen, aber sie *tragen* den Menschen nicht.)

Viele Menschen meinen nur, sie vertrauen auf Gott. Gott ist aber nicht ihr wirklicher Halt. Sie vertrauen in Wirklichkeit doch mehr auf sich selbst und auf Menschen und verlangen von Gott, daß das gut gehen soll. Das geht aber nicht gut. Und dann zweifeln sie an Gott anstatt an sich selbst und an ihrem Glauben.

Gott vertrauen heißt sich auf ihn ver-lassen, jeden anderen Halt loslassen, letztlich auf alle anderen Sicherheiten verzichten. Ich kann mich nur ganz an Gott halten, wenn ich mich letztlich an nichts anderem mehr festhalte. Der innerste Halt (vgl. „In-Halt"!) meines Lebens kann nur *einer* sein. Wer im Innersten zugleich mehrere Halte sucht, gewinnt nicht mehr Halt, sondern gerät in die „Zerreißprobe“, in der er alle „Halte“ loslassen muß, die ihn nicht *ganz* halten können. Wir sündigen Menschen halten uns immer wieder fest an Dingen oder an Menschen, die uns nicht halten können, und so geraten wir in die Zerreißprobe. Das Leid gehört zum Leben. Die einzige Möglichkeit, Leid zu bewältigen, liegt darin, daß es gelingt, Leid als Lebenschance zu sehen, in der ich meinen wahren Halt finden, vielleicht neu und tiefer finden kann.

Das Risiko im Gottvertrauen liegt im Verzicht auf all das, was ich von mir aus als Halt haben möchte: im Grunde immer mich selbst. Ich muß verzichten, mich selbst zu halten, halten zu wollen, damit Gott mich halten kann. Erst wenn ich mich fallen lasse, kann Gott mich tragen.

Auch diese Lebenswirklichkeit kann mir ein alltägliches Symbolgeschehen zum Bewußtsein bringen: wenn ich mich „niederlasse“ auf einen Stuhl. Das Sich-Setzen und Sitzen ist eine Urform menschlichen Daseins und menschlicher Daseinserfahrung. Man spricht auch von einem „gesetzten“ Menschen, wenn man Selbständigkeit und Reife eines Menschen zum Ausdruck bringen will. Das Wort „sich niederlassen“ klingt feierlich und weist auf das Ereignis hin, wenn sich ein Mensch „nieder-läßt“, wenn er

seine “Niederlassung“ gründet und seinen „Platz ein-nimmt“! Im Sitzen, im Gesetzt-Sein, liegt die Erfahrung: „Es gibt mich“; „ich bin da“. Die Sitzgelegenheit, der Stuhl, der Boden, läßt mich körperlich spüren: „Du bist gehalten“; „wenn du dich niederläßt und dich auf mich verläßt, trage ich dich“; „du hast einen Platz, deinen Platz“; „du weißt, wo du hingehörst“.
Für das Selbst-Bewußtsein eines Menschen ist es wichtig, daß er seinen Platz hat. Ich habe meinen Platz am Tisch, in der Wohnung, in der Kirche, in der Arbeit, im Theater..., im Leben; einen „Platz an der Sonne“! Wir alle kennen das peinliche Erlebnis, das mir widerfährt, wenn ich wohin komme oder wo eingeladen bin und keinen Platz finde, wo ich mich niederlassen kann; es ist zum Davonlaufen.
Ähnlich wie das Platz-Finden kann man auch das Raum-Finden betrachten. Das bestätigende Moment beim Sich-Niederlassen liegt darin, daß *es* für mich einen Platz gibt; in irgend etwas Vorgegebenem finde ich meinen Platz. Wenn ich weitermeditiere, kann mir bewußtwerden, daß in diesem ES das Leben vorkommt, in das ich mich einlassen und auf das ich mich verlassen darf.
Noch einen Schritt weiter kann das Es zum personalen Er werden: *Er* gibt mir Platz, *Er* schafft mir Raum. Schließlich ist *Er* selbst der Platz, auf den ich mich niederlassen kann, der Platz, auf dem *ich mich* finde. Im Alten und Neuen Testament wird Gott gezeigt als der einzige Platz, auf den man sich letztlich verlassen kann.
„Kommt zu mir, ich werde euch Ruhe verschaffen“ (Mt 11,28); „ich gehe hin, euch einen Platz zu bereiten, damit ihr seid, wo ich bin“ (Joh 14,2). Das personale Geschehen beim Sich-Niederlassen wird besonders spürbar, wenn wir einander Platz anbieten oder einen Platz freimachen. Wie verletzend kann es umgekehrt auch sein, wenn ich jemand besuche und ich mich bei ihm nicht niederlassen darf, weil er mir keinen Platz anbietet zum „Da-Sein“.
Im Sich-Niederlassen liegt, wie gesagt, ein besonderes Risikomoment. Ich kann es wieder körperlich spüren in den Muskeln. Beim „Hin-Setzen“ meiner selbst verlagere ich mein Körpergewicht bis zu einem Punkt, an dem ich nicht mehr halten kann. Jetzt lasse ich los, und wenn mich der Stuhl nicht auffängt und hält, komme ich zu Fall. Wenn mir einer im letzten Moment den Stuhl wegzieht, auf den ich mich verlasse, und ich zu Boden falle, ist das äußerst peinlich. Diese Peinlichkeit besteht nicht so sehr in der Gefahr der Körperverletzung, sondern in der Blamage vor mir

und den anderen: Ich habe mich auf etwas verlassen, das nicht trägt; ich habe mich auf jemand verlassen, doch er hat mich hereinfallen lassen! Statt der Bestätigung muß ich die Enttäuschung meines Vertrauens erleben und hinnehmen.
Andererseits wird aber durch die Enttäuschbarkeit des Vertrauens (wenn ich auf Menschen traue!) sichtbar, wie wesentlich das Risiko zu diesem Vorgang gehört. Wenn ich im Leben das Risiko vermeiden will und absolut „sicher“ gehen möchte, komme ich nicht zum Vertrauen; ohne Vertrauen aber ist keine Bestätigung und Selbst-Bestätigung möglich. Wir stehen wieder vor einem Paradox des Lebens: Ich muß meine (selbstgewirkte) Sicherheit aufgeben, damit ich die wahre, tragende Sicherheit erlangen kann. Ich muß mein Ich („Ego-Ich“) aufgeben, damit ich mein wahres Ich („Selbst“) gewinnen kann. Hier gerate ich in einen Teufelskreis, wenn ich sehe, daß ich ja schon vor dem Vertrauen Vertrauen brauche: Vertrauen, daß ich mich zu vertrauen traue!
Ein weiteres Problem: Warum kann der eine vertrauen und der andere nicht, warum der eine besser und der andere weniger gut? Vielleicht gibt es Menschen, die in ihrer Lebensgeschichte so enttäuscht wurden, daß sie auf nichts mehr vertrauen *können!* Diese Gedanken führen zu einem dunklen Punkt, der sich mit dem Verstand nicht mehr erhellen läßt. Man kann nur hinschauen auf das Phänomen des Vertrauens. Die Erfahrung, daß Menschen durch ihr Vertrauen das Leben gefunden haben und glücklich geworden sind, kann uns immer wieder ermuntern zum Risiko des Vertrauens. Diese vertrauenden Menschen bezeugen mit ihrem Leben, daß es etwas gibt, dem man absolut trauen kann: Gott. Diesen Gott kann ich suchen und finden, nicht nur im Menschen, sondern in der ganzen Schöpfung. Wenn es für den Menschen, als ein nicht festgelegtes Wesen, Freiheit gibt, dann ist es die Freiheit zu trauen. Wenn ich auch einsehe und erkenne, daß ich die Fähigkeit zu trauen habe und daß ich ohne Vertrauen nicht existieren kann, bleibt immer noch die entscheidende Lebensfrage: *Wem* soll ich trauen? Zu wem soll ich gehen? „Trau, schau, wem!“
Bevor wir der Frage nachspüren, wem, auf was, vertraue ich –, sei noch eine Wirkung des Vertrauens genannt: der Zusammen-Halt (Symbol: mehrere Menschen halten sich am selben Stock fest). Was wir zusammen festhalten, das hält uns fest zusammen. Jede menschliche Standfestigkeit und Lebenstüchtigkeit ist ein Stehen als Zusammenstehen und ein Sich-Halten als Zusammenhalten. Dabei muß ich zweierlei betrachten und beachten, was im Vollzug

des Lebens ein und derselbe Vorgang ist: Ich muß zu mir selber stehen und zu anderen; ich muß mir selber treu sein und auch anderen; ich muß eins sein mit mir selber und vereint sein mit anderen.

## 4. Das Einssein mit mir selbst

Jeder Mensch erlebt sich in Spannungen, die sich bis zur Unerträglichkeit steigern können: „Ich kann mich selbst nicht leiden"; „ich bin ganz auseinander"; „ich bin heute schlecht beisammen". Aus solchen Redeweisen spricht die Erfahrung, daß der Mensch seine Identität und sein Wohl-Befinden nicht einfach vorfindet. Er muß seine Identität, sein Selbst, immer wieder neu entdecken und erleben in den Augenblicken der Harmonie in sich selbst und mit sich selbst. Es sind dies die Augenblicke, in denen ich mich selbst als Geschenk („Gnade") erleben, – Augenblicke, in denen ich bedingungslos und uneingeschränkt ja zu mir sagen kann. Dieses Erlebnis der Selbst-Bejahung, des Stehens in mir und zu mir, darf nicht verwechselt werden mit dem egoistischen Versuch der Selbstbehauptung, bei dem einer das Selbst-Sein selber erzeugen möchte. Das wahre Selbsterlebnis ist Geschenk des Lebens, das Wirken der einenden Kraft des Gottesgeistes. Mein Beitrag zu meiner Identität liegt in der Art und Weise, wie ich mit ihr umgehe. Meine Einstellung zu meinem Lebensglück ist entscheidend, ob ich es nur im Bereich der Leistung und des Machbaren erblicke oder ob ich es letztlich als Geschenk, als Gnade sehe, die ich immer wieder neu erbitten und „ertrauen" muß.
Die Fragen kreisen schließen um das Problem: Wie kann ich mich so nehmen, wie ich bin, mit meinen positiven und negativen Eigenschaften, mit meinem Gutsein und mit meiner Schuld? Die Spitze des Problems liegt im Annehmen der Schuld, im Jasagen zu dem, was ich selbst als Nichtsein-Sollendes an mir erkenne und erfahre. Aus eigener Kraft kann ich mich nicht ertragen in meiner Schuld, ich kann mir aus eigener Kraft nicht verzeihen! Ich muß von anderswoher die Kraft (die verzeihende Liebe) bekommen und beziehen, die ich für mich selber brauche, damit ich mich mögen kann. Wenn ich das Vertrauen auf den allerbarmenden Gott ablehne, bleibt mir nur der Weg in die Verzweiflung und die Flucht in den Selbstbetrug. Weil wir alle auch im Vertrauen sehr unvollkommen sind, so leben wir – sofern wir nicht

verzweifeln – alle von und mit unserem Selbstbetrug, der eine mehr, der andere weniger. Einmal werden wir alle sehen dürfen und müssen, wie wir wirklich sind. Es gibt auch nur eine berechtigte und notwendige Reue: den Schmerz darüber, nicht schon viel früher mehr Vertrauen gehabt zu haben. Es gehört Mut dazu, sich ehrlich sich selber zuzuwenden und sich selber anzuschauen, und zwar so, wie man wirklich („vor Gott") ist, und nicht so, wie man vor sich selber dastehen möchte. Wenn ich nicht das Vertrauen habe, daß ich (von Gott her) so sein darf, wie ich bin, kann ich mich selber nicht sein lassen und muß mich selber hassen. (Dieses lebensnotwendige Sich-sein-lassen-Können darf nicht mißverstanden werden als Verweigerung der Arbeit an sich selbst und der Bereitschaft, sich zu ändern. Da Ja zu sich selbst ist das Ja zu mir als einem ständig sich ändernden und reifenden Wesen.)

In meinen Lebenssituationen, in Liebe und Haß, Freude und Leid, Lust und Schmerz, werde ich immer wieder mir selber gegenübergestellt und bin herausgefordert, mich zu sehen, mich zu nehmen und mit mir selber umzugehen. Die Konflikte und die Harmonien mit anderen sind zutiefst Konflikte und Harmonien mit mir und in mir selbst. Wenn ich einen anderen hasse, hasse ich eigentlich mich selbst; in mir ist etwas, das ich nicht annehmen kann. Der andere ist der Auslöser meines Ärgers, aber der Grund für meinen Ärger liegt bei mir selbst, weil *ich* mich ärgern „muß", weil ich mich nicht annehmen kann. Im *Sich*-Ärgern und *Sich*-Freuen zeigt sich die dialogische und dialektische Struktur des Menschen. Das „Selbst" ist das Resultat des Zu-sich-selber-Stehens, der Selbstannahme. Im Sich-ärgern-*Müssen* liegt die praktische Wirklichkeit der Erbschuld. Der Mensch bringt die Liebe nicht mit auf die Welt, die er braucht, um sich selber anzunehmen und zu mögen. Er muß die Liebe, die ihn heilt und zu sich selber führt, empfangen. Diese Liebe ist mehr als die emotionale „natürliche" Zuwendung und Pflege der Eltern, auch wenn sie praktisch in diesen Bahnen vermittelt wird. Diese heilende Liebe (= heil- und heiligmachende Gnade) ist das apriorische Geliebt- und Angenommen-sein, das ein Mensch nicht von vornherein in sich hat und das er nicht selbst erzeugen kann. Er muß diese Liebe empfangen und immer wieder empfangen, damit er eins mit sich selber wird. Im sichtbar-sinnenhaften Bereich unseres Daseins hat diese „Empfängnis" der Liebe in den Sakramenten, besonders in der Taufe und Buße, ihren Ausdruck gefunden. Gewiß schenkt Gott seine Liebe auch außerhalb der kirchlichen

Sakramente – durch alle seine Geschöpfe –, aber in den Sakramenten sind uns die letztverbindlichen Zeichen der Zuwendung Gottes gegeben. Durch die Sakramente kommt schließlich auch die sakramentale Struktur alles Geschaffenen zum Ausdruck.
Ein Schlüsselbegriff für diesen Vorgang der Selbst-Findung ist die „Bekehrung". „Bekehrung" ist eigentlich kein moralischer Begriff, sondern ein psychologisch- existentieller. Wenn „ich mich be-kehre", wende ich mich mir selber zu, wage ich es, mich selber anzuschauen, mich selber zu suchen, zu ent-decken, zu finden. Vor diesem Wagnis schrecke ich selber immer wieder zurück: Was werde ich sehen und erfahren müssen, wenn ich mir selbst gegenüberstehe und mir selbst „gegenwärtig" werde? Ich erlebe einerseits die Notwendigkeit und das Bedürfnis der Selbstfindung und andererseits eine unbeschreibliche Angst davor. Aus dieser Angst vor mir selber resultieren alle Verdrängungen und das mangelnde Selbstvertrauen. Die anmaßende „Selbstsicherheit", die viele Menschen an den Tag legen, ist in Wirklichkeit besser oder schlechter getarnte Selbstunsicherheit. Der Bußruf „Bekehret euch" ist ein Aufruf zum Wagnis der Selbstfindung: Stell dich dir selbst gegenüber, schlau, wer du bist, erkenne dich selbst und lebe *dir* gemäß! Die echte Selbsterkenntnis wird dann die Motivation zur „Umkehr", zur Änderung und Veränderung meines Lebens.
Woher bekomme ich die Kraft, daß ich es wage, mich mir selber auszusetzen, zumal ich damit rechnen muß, daß ich Unheimliches entdecke und daß ich ganz anders bin, als ich es von mir selbst gemeint habe? Meine bisherige (narzißtische) Selbstliebe wird bei der Bekehrung in die Brüche gehen. Wer hilft mir, daß ich mich noch mögen und bejahen kann, wenn ich ungeschminkt mich selber sehe? Wer hilft mir, mit mir selber umzugehen? Ich bin mir selber zu schwer, ich kann mich selbst, wenn ich mich erkenne, nicht mehr tragen und er-tragen. Auf diese Urfrage nach meiner Existenz trifft die Antwort der Propheten: „Ich bin's doch", die in der Person Jesu Christi volle geschichtliche Konkretisierung erfährt. Im Vertrauen auf die unbedingte, unbegrenzte und unverlierbare Liebe meines Schöpfers, der mich von vornherein und immer trägt, kann ich es wagen, mich zu bekehren. Ich brauche keine Angst mehr zu haben. Im Vertrauen auf die Liebe (Gottes) werde ich bereit, alles anzunehmen, was aus mir auf mich zukommt, was ich an mir entdecken muß. Im Vertrauen weiß ich ja: Alles an mir und in mir ist schon angenommen und geliebt. Darum kann auch ich mich lieben, und zwar nicht so, wie

ich mich gerne haben möchte, sondern so, wie ich wirklich bin, nicht nur mit meinen guten Seiten, sondern auch mit meiner ganzen Bosheit. Jetzt „muß“ ich mich nicht mehr ärgern. Und wenn ich mich nicht mehr ärgern muß, ärgere ich auch die anderen nicht mehr, und die anderen können mich nicht mehr ärgern, wenn ich mich nicht mehr ärgern muß.

Aus der Betrachtung der Selbst-Bestätigung wird einsichtig: Weil ich im Vertrauen erlebe, daß ich ja bereits von Gott bestätigt bin, kann ich mich entlassen aus dem Zwang, primär mich selber bestätigen zu müssen. Ich habe es nicht mehr nötig, in meiner Selbst-Suche selbstsüchtig so oder so zu reagieren und zu handeln. Ich bin mich selber „los“; ich sitze mir selbst nicht mehr wie eine Faust im Nacken; ich bin „selbst-los“.

Ich bin selbstlos, wenn ich ganz ich selber bin, nicht mehr gehemmt, gezwungen und getrieben (von mir „selbst“); umgekehrt bin ich ganz ich selbst, wenn ich selbstlos bin. Selbstverwirklichung kann somit nur geschehen als Verwirklichung der Selbstlosigkeit; Selbstlosigkeit aber kann nur geschehen im Vertrauen auf Gott. Diese Selbstfindung durch Selbstlosigkeit schenkt mir auch die echte Selbstsicherheit. Der Begriff „Selbstsicherheit“ ist sehr schillernd, weil wir ihn auch gebrauchen, wenn wir das Gegenteil, die Selbstunsicherheit, zum Ausdruck bringen wollen. Es geht hier also um die echte Selbstsicherheit, die bei den Mitmenschen Vertrauen und Zuversicht weckt. Vertrauen bringt (echte) Sicherheit, Sicherheit weckt Vertrauen. Hier entsteht wieder das Problem: Wer macht den ersten Schritt mit dem Vertrauen?! Weil Gott den ersten Schritt auf mich zu macht, weil er sich ganz in die „Hände der Sünder“, in meine Hände, gegeben hat, kann ich mich ihm hingeben. Weil ER zu mir kommt, kann auch ich (mir) vor-kommen; weil Er mir vertraut, kann auch ich ihm vertrauen; weil Er mir verzeiht, kann auch ich ihm verzeihen, daß er Gott ist und ich ihn oft nicht verstehe.

Zum Schluß sei noch ein Begriff genannt, der wesentlich das Einssein mit sich selbst betrifft: die „Treue“. „Treue“ ist ein Synonym für Selbstsicherheit und Selbstlosigkeit. „Treu“ ist ein Mensch, der sich traut und sich ge-traut; der sich zu trauen traut. Das Sich-Trauen und Sich-Getrauen ist ebenso wie die Selbstsicherheit ein schillernder Begriff. Das Sich-Trauen, das der Hab sucht, Rachsucht und Aggression entspringt, ist nicht Treue, sondern Frechheit und Hemmungslosigkeit. Das echte Sich-Trauen entspringt der echten Selbstsicherheit, und diese lebt, wie gesagt, aus dem Vertrauen auf Gott. Es wird wieder einsichtig: Treue ist

Selbstvertrauen, und das tragende Selbstvertrauen wird nur im Gottvertrauen möglich.
Man kann dieses Phänomen auch von der anderen Seite her betrachten: Dort, wo mir echtes Selbstvertrauen und Selbstsicherheit begegnen, sind immer Gott und Gottvertrauen der Ursprung, auch wenn sich der betreffende Mensch dessen nicht bewußt ist. Es ist natürlich wünschenswert, daß ein Mensch aus Gottvertrauen lebt, weil ihm dann viele Lebens- und Vertrauenshilfen zur Verfügung stehen, die dem „unbewußt" oder „anonym" Gläubigen verschlossen bleiben. Das Wesen der Treue ist die Selbsttreue, und Selbsttreue kann ich nicht selbst erzeugen; sie ist die Frucht des Gottvertrauens.
In allen Betrachtungen über mich selbst und über mein Selbst wird deutlich, daß es nichts gibt, das mich „zusammenhalten" könnte außer der Kraft Gottes. Seine Liebe macht mich zu dem, der ich sein kann, und zu dem, der ich bin. Meine Selbsterfahrung, die Erfahrung meines Selbst – in der Du-Beziehung –, ist der primäre Ort aller Gotteserfahrung:
Ich erfahre Gott als meine Identitätskraft. Nur in seiner Liebe, durch seine Kraft, bin ich „gut beisammen" und eins mit mir selbst.

*Und wie wirst du dich mir geben,*
*wenn du mir nicht zugleich Himmel und Erde gibst*
*und alles, was in ihnen ist?*
*Ja noch mehr: Wie wirst du dich mir geben,*
*wenn du mich nicht mir selbst gibst?*

*Und wenn ich so im Schweigen der Betrachtung verstumme,*
*antwortest du mir, Herr,*
*tief in meinem Herzen und sagst:*
*Sei du dein,*
*und ich werde dein sein.*

Nicolaus Cusanus

VON INNEN LEBEN

Was du erlebst im „Außendienst“ der Sinne,
mußt du nach innen holen,
wo alles unverlierbar wird.
Du bist erst dann im Leben,
wenn so viel in dir ist,
daß du von innen leben kannst.

# Wo finde ich Gott?

## Überblick

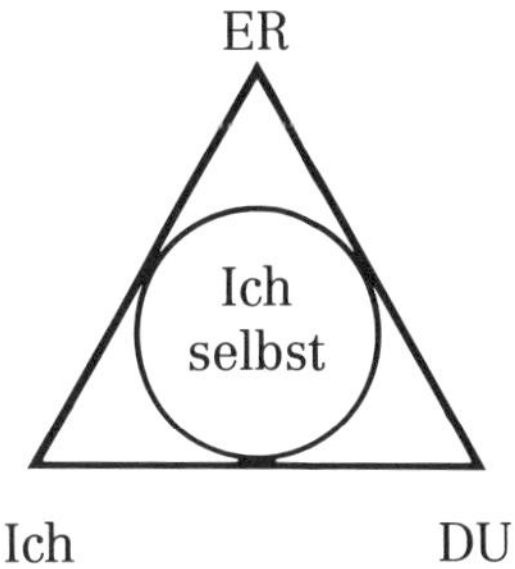


ICH IN GOTT

*Ich finde mich in Gott.*
Ich finde Gott als „das“, als den, in dem ich mich finde.
Ich finde mich in der Beziehung zu dir.
Ich finde Gott als die Beziehungskraft („Gutgehekraft“).
Ich finde Gott als Beziehung (Buber) und als Ursprung jeder Beziehung.

*„Mein Herr und mein Gott“* (Joh 20,28).

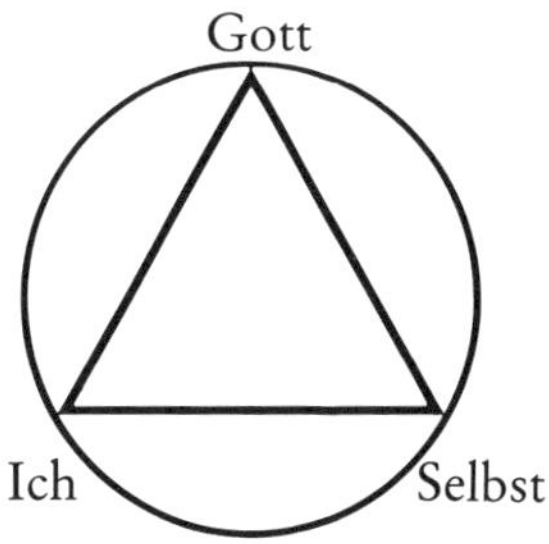


GOTT IN MIR

*Ich finde Gott in mir.*
Ich finde Gott als Ursache meiner Selbstfindung.
Ich finde Gott als Ursache meiner Selbsterfahrung.
Ich finde Gott als Ursache meiner Selbstannahme.
Ich finde Gott als Identität.

*„Ich lebe, doch nicht ich, Christus lebt in mir“* (Gal 2,20).

Man kann das Symbol zum unendlichen Symbol ausfalten. Dadurch kommt die gegenseitige Bezogenheit von Selbsterfahrung und Gotteserfahrung zum Ausdruck:
Je mehr ich Gott erfahre und IHM nahekomme, desto mehr erfahre ich mich selbst und komme mir nahe. –
Und umgekehrt!

## Betrachtung

*„Ich bin der wahre Weinstock, und mein Vater ist der Winzer. Jede Rebe an mir, die keine Frucht bringt, schneidet er ab, und jede Rebe, die Frucht bringt, reinigt er, damit sie mehr Frucht bringt. Ihr seid schon rein durch das Wort, das ich zu euch gesagt habe. Bleibt in mir, dann bleibe ich in euch. Wie die Rebe aus sich keine Frucht bringen kann, sondern nur, wenn sie am Weinstock bleibt, so könnt auch ihr keine Frucht bringen, wenn ihr nicht in mir bleibt. Ich bin der Weinstock, ihr seid die Reben. Wer in mir bleibt und in wem ich bleibe, der bringt reiche Frucht; denn getrennt von mir könnt ihr nichts vollbringen. Wer nicht in mir bleibt, wird wie die Rebe weggeworfen, und er verdorrt. Man sammelt die Reben, wirft sie ins Feuer, und sie verbrennen. Wenn ihr in mir bleibt und wenn meine Worte in euch bleiben, dann bittet um alles, was ihr wollt: Ihr werdet es erhalten. Mein Vater wird dadurch verherrlicht, daß ihr reiche Frucht bringt und meine Jünger werdet."* (Joh 15,1–8)

Das Bild vom Weinstock ist unerschöpflich in seinem Reichtum. Es ist ebenso Bild der Kirche als auch Bild gelungener menschlicher Existenz. Man muß dieses Bild immer wieder anschauen und sich ins Bild setzen, dann wird jeweils Neues sichtbar. Man wird sich selbst in Christus und Christus in sich selbst immer wieder neu und tiefer finden. Leider wurde und wird dieses Bild oft benützt, um Menschen zu bedrohen und einen Druck auszuüben: „Wer nicht in die Kirche geht, wird abgeschnitten und ins Feuer (in die Hölle) geworfen." Diese Mißdeutung im Sinn einer Drohbotschaft erübrigt sich, wenn man genau hinhört. Jesus ist der Weinstock; ohne ihn, wenn ich nicht an ihm dran bin, kann ich nicht fruchtbar werden – für mich selbst und für andere. Er ist *in* mir da als Weinstock, als Wurzel und Stamm, an dem ich wachse, an dem mein Selbst reift. Ohne IHN kann ich nicht Ich werden. Ohne IHN muß ich verdorren. Wenn ich ihn als meinen Wurzelstock ablehne, bin ich abgeschnitten und mir selbst verfallen. Ich werde mir selbst zur Hölle und „verbrenne" an mir selber, wenn ich nicht aus Seinem „Saft" lebe.
Er ist der Weinstock *in* mir, und die erste und „süßeste" Frucht an diesem Weinstock ist mein gesundes und „rundes" Ich. Ich werde

„genießbar", „beliebt", „nahrhaft" und schön. An meiner Persönlichkeit können die Menschen die Kraft Gottes erkennen. Die Herrlichkeit Gottes strahlt in meinem Ich auf. Ich bin da als „Verherrlichung" Gottes in der Welt.
ER ist aber auch da als Weinstock außerhalb von mir, an dem ich dran bin mit den anderen Menschen. Wenn ich, wenn wir, an IHM „dran" sind, bin ich, sind wir „gut dran". Er ist unser Halt. Er ist der In-Halt jedes einzelnen und der Zusammenhalt von uns allen. Damit „ich mich halten" kann, brauche ich IHN; damit wir uns halten können, brauchen wir auch IHN. Jede Gemeinschaft fällt ab und auseinander, wenn nicht jeder einzelne an ihm dran ist. Darum versammeln wir uns immer wieder zum Beten, Hören und Feiern, damit uns Seine Wurzeln nähren und Sein Stamm uns trägt. Gott hat jede Frucht so geschaffen, daß sie nur am Stamm reifen kann und daß „abgeschnitten" nichts reift. Das Abgeschnittene vergeht im „Feuer", in der reinigenden Kraft der Liebe. Gott ist es, der alles Abgeschnittene in mir, alles Böse, Unfruchtbare, verbrennt, damit das Reifende noch mehr reifen kann. Er ist es, der mich verbrennt, wenn ich wutentbrannt tobe, damit ich in meinen Suchten (Rachsucht, Streitsucht, Eifersucht) wie im Feuer geläutert werde und immer fähiger werde für die Gemeinschaft, die ER allein schenkt: in der Freundschaft, in der Familie, in der Gemeinde und überhaupt in jedem Beziehungsfeld.
Er macht mich innen und außen fruchtbar. Er macht mich reif, d.h. fähig, selber in seiner Kraft Weinstock zu sein. Ich bin Sein „Er-trag" und werde fähig, selber zu tragen und zu ertragen. Ich bin gehalten und werde fähig, selber zu halten. Ich brauche mich nicht mehr an irgend jemanden oder an irgend etwas hinzuhängen; ich kann selber stehen und immer wieder aufstehen. Ich habe Weinstockkraft, „Saft" in mir, und bin letztlich auf niemand bestimmten mehr angewiesen. Ich kann tragen, ohne daß ich jemand bestimmten mehr brauche, der mich trägt. In jedem Menschen und in jedem Geschöpf schenkt mir mein Weinstock seine Kraft. „Saftig", „kräftig", „lieblich" und „süß" wird mein Leben, und die anderen, die mich „genießen", werden selber wieder fruchtbar.
Dem Leser mag diese Betrachtung allzu lieblich erscheinen. Aber das ist ja unsere Hoffnung: Je mehr und je tiefer wir an ihm dran und in ihm drin sind, desto weniger wird die Bitternis in dieser Welt, in unserem Leben, „vorschmecken", und wir haben in diesem Leben – wenigstens in Augenblicken – den „Vorgeschmack" des ewigen Heils.

## GLEICH-GÜLTIG SEIN

Gott läßt das Unkraut wachsen.
Gott hat von sich aus keine Feinde,
weil er seine Feinde liebt.

Verwandle dein Unkraut –
durch die Liebe:
dein Acker wird zum Paradies.

# Gott ist anders

*Wo ist ein Gott,*
*so groß wie unser Gott?*
*Du allein bist der Gott,*
*der Wunder tut.* (Ps 77,14 f.)

## 1. Gott hat von sich aus keine Feinde

„Das Erbarmen des Menschen gilt nur seinem Nächsten, das Erbarmen des Herrn allen Menschen“ (Sir 18,13).
Unser Reden von Gott hat die Schwierigkeit, daß wir keine Sprache haben, in der wir Gott, so wie er an sich ist, ausdrücken könnten. Unsere Sprache und unsere Begriffe stammen aus unserem irdischen Erfahrungsbereich, und bei all unseren Erfahrungen ist die Sünde immer miteingeschlossen, auch wenn uns das meistens nicht bewußt wird. Wenn mir ein „Feind“ begegnet, gehe ich in meiner Einstellung sofort auf Abwehr, selbst wenn ich mich gegen die Angriffe nicht verteidige. Auf alle Fälle muß ich innerlich meine in Frage gestellte Identität behaupten.
Wenn ich nun das Gefühl und die Überzeugung habe, daß ich „im Recht“ bin, bin ich ganz automatisch auch überzeugt, daß Gott auf meiner Seite steht, daß meine Feinde auch seine Feinde sind und daß er auf meiner Seite kämpft. Das Volk Israel hatte als ganzes diese Vorstellung, daß seine Feinde auch die Feinde Gottes sind. Gott wird nicht selten als siegreicher Kriegsgott verstanden und dargestellt. Nun ist es tatsächlich so, daß Israel immer kämpfen mußte und daß es sich durch Kriege und in Kämpfen behaupten mußte, wie viele andere Völker auch. Innerhalb dieser für den Historiker ganz „normalen“ Vorgänge entstand nun die Erfahrung: Wir sind gewollt; daß wir sind und noch existieren, verdanken wir nicht einem zufälligen Glück, sondern da ist jemand, der uns will. Unser Ich-bin-da, unser Gott! Unsere Existenz verdanken wir nur ihm. Ja, unsere Existenz fällt mit der seinen zusammen. „Retter“ ist sein Name. Unser Gott ist ein „retterischer“ Gott; er rettet immer! Er „muß“ immer retten, sonst wäre er nicht mehr er selbst. „So spricht Gott, der Herr: Nicht euretwegen handle ich, Haus Israel, sondern um meines heiligen Namens willen, ... ich

hole euch heraus, ... ich schenke euch ein neues Herz" (Ez 36,22 ff.).
In dieser Gotteserfahrung und -vorstellung gründet das geradezu unheimliche Gottvertrauen Israels und des gläubigen Juden. Ob Gott *uns* treu bleibt, ist gar keine Frage; er „muß" retten, sonst wäre er sich selbst nicht mehr treu. Israel macht auch die Erfahrung, daß Gott nie sein Feind wird. Wenn Israel abfällt und sich von Gott entfernt, fängt Gott immer wieder an, „neue Bünde" zu schließen. Gott geht mit Israel ins „Gericht". Aber wenn Gott „richtet", geht es nicht um Rache, sondern um Erbarmen, um „Richtig-Machen" und um einen neuen Anfang. Diesen „retterischen" Gott, auf den man sich immer verlassen kann, erfährt Israel zunächst als *seinen* Gott. Israel ist auserwählt aus allen Völkern. Der nächste Schritt *für* alle Völker muß erst noch getan werden. Zunächst muß feststehen in meiner Erfahrung: Gott liebt mich (uns), daran brauche ich nie zu zweifeln. Auch wenn ich von Gott weggehe, bleibt er mein Freund und Retter.
Nun kommt die riesige Zumutung unseres Glaubens: Gott liebt die anderen auch! Er liebt alle Menschen. Er liebt alle so wie mich. Und ich bin noch dazu berufen, hinzugehen und dies allen Menschen (auch meinen Feinden!) zu sagen. Dieser retterische Gott *aller* Menschen leuchtet im Alten Testament dann und wann auf. Vollends offenbar wird dieser Gott in Jesus Christus, der sich wohl zunächst auch zu seinem Volk gesandt sieht, der seine Liebe und Nähe aber auch den Heiden nicht vorenthält. Schließlich gibt er sein Leben *allen* Menschen und für alle Menschen hin. Er vergießt sein Blut *freiwillig* „für euch und für alle". Jesus läßt sich freiwillig in die „Hände der Sünder" fallen. Die typischen Merkmale und Kennzeichen der Sünder haben nicht nur die Juden, sondern alle Menschen: Aggression, Haß, Habsucht, Rachsucht, Eifersucht usw. Am Streit der Traditionalisten in unserer nachkonziliaren Zeit zeigt sich wieder, welche Zumutung es für den einzelnen und für „uns" ist, daß sich Gott *allen* hingibt. Wo heute das Wort „für alle" steht, stand früher „für viele". Diese „Vielen" werden immer noch verstanden im Kontrast zu den „anderen", für die Jesus nicht gestorben ist und die verlorengehen. Auch hier muß man sagen, daß dieses kontrastierende Verständnis von den „Vielen" nicht legitim war. Denn mit den „Vielen" sind die Menschen gemeint, sofern sie in Vereinzelung, Isolation, in „Vielheit", in „Sünde" existieren und noch nicht geeint sind durch die Liebe Gottes zu allen. Das lateinische Wort „singuli" bringt vielleicht deutlicher zum Ausdruck, was mit den „Vielen" gemeint ist.

Hier liegt auch der eigentliche Grund, warum sich die Traditionalisten unter Lefebvre von der nachkonziliaren katholischen Kirche abgespalten haben. Das Konzil machte deutlich, daß der wahre Gott und der wahre Glaube überall dort zu finden sind, wo erkannt wird, daß „unser" erbarmender Gott der Erbarmer aller Menschen ist. Wo dieses universelle Erbarmen und diese universelle Liebe aufleuchten, leuchtet „unser" Gott auf. Dies ist nicht nur in unserer Religion der Fall. Zum Unterschied anderer Religionen konnte man höchstens sagen, daß im christlichen Glauben (d.h. im Glauben an Jesus Christus) dieser Allerbarmergott in Reinkultur offenbar wird. Da entsteht natürlich sofort die Herausforderung: Was haben wir „Rechtgläubige" den Andersgläubigen und „Ungläubigen" voraus, wenn letztlich der Glaube an die universelle und universale Liebe das entscheidende Kriterium des „wahren" Glaubens ist? Zumal an die Liebe auch ein Atheist (im dogmatischen Sinn) glauben kann! Warum haben wir Priester und Sakramente, durch die Gott (Jesus Christus) „alle Gnaden vermittelt", wenn Gott alle seine Gnaden (= Zuwendungen) auf andere Weise und an anderen Orten auch schenkt? In den Sakramenten wird sichtbar und erlebbar, was Gott tut, – was Gott überhaupt tut. Warum bin ich dann noch Christ, katholischer Christ!? Da ist zu bemerken, daß das Wort „katholisch" eigentlich „allumfassend" heißt und nicht eingrenzend und ausgrenzend mißverstanden werden darf. Die katholische Kirche ist die Gemeinschaft der Menschen, die sich aus der Erfahrung und zur Erfahrung des allerbarmenden Gottes bildet. Nicht mehr katholisch sind alle die Menschen, die das Allerbarmen Gottes verkürzen und einschränken wollen. Es wird hier von selber deutlich, daß es zu dieser Kirche eine äußere und innere, eine sichtbare und unsichtbare, eine bewußte und „anonyme" Zugehörigkeit gibt nach Maßgabe dieses Glaubens. Für den „Katholiken" (der auch „evangelischer" Christ sein kann!) sind alle Menschen Brüder, auch wenn er diese Toleranz und universelle Brüderlichkeit auf Grund seiner sündigen Struktur nur sehr mühsam und anfanghaft verwirklichen kann (mit Hilfe des „katholischen" Gottes!).
Unser Glaube wird hier in gleicher Weise zur Befreiung wie auch zur Zumutung für den einzelnen. Ich brauche nur einmal gedanklich das durchzuspielen, was das praktisch bedeutet: Gott hat von sich aus keine Feinde. Er liebt einmal mich. Er liebt die Menschen aller Gruppen, aller Völker, Rassen und Nationen. Er liebt die Guten und die Bösen. Er liebt die Ausländer, die Asylanten, die Männer und die Frauen, die Homosexuellen und die Heterosexu-

ellen, die Eheleute und die Ehebrecher, die moralisch Vorbildlichen und die moralisch Verwerflichen. Er liebt mich und alle meine Feinde, mich und meine Hasser, mich und meine Mörder.
In einer Karfreitagsmeditation mit Kindern formulierte ein Kind verblüffend einfach: Gott hat keine Feinde, weil er seine Feinde liebt („Vater, vergib ihnen, sie wissen nicht, was sie tun"). Dieses „Vater, vergib ihnen" kann auch indikativisch wiedergegeben werden: „Der Vater vergibt ihnen." Es ist wohl das tröstlichste und aufwühlendste Wort Jesu angesichts der Spaltungen und aller Grausamkeiten, die durch Christen verübt wurden und verübt werden.
Dann muß ich die Feindlosigkeit Gottes auch ganz persönlich einmal durchspielen: Ich muß „mich ärgern" über einen Menschen, der vielleicht meine Ehe, meinen Beruf, meinen Erfolg zerstört hat. Meinen Gefühlen nach könnte ich ihn umbringen, auf alle Fälle niemals lieben! – Und genau diesen Menschen liebt Gott! Wenn ich in dieser Situation meinem Glauben treu bleibe, kann ich vielleicht beten: „Lieber Gott, ich kann meine Feinde nicht lieben; wenn ich ehrlich bin – und bei dir darf ich doch ehrlich sein –, ich könnte meinen Feind foltern, langsam umbringen! Ich könnte ihn an die Wand klatschen! („Wohl dem, der deine Kinder packt und sie am Felsen zerschmettert!" – Ps 137,9) Aber wenn es sein muß, erlaube ich dir, daß du ihn auch liebst! Vielleicht verwandelt ihn die Liebe! Ich habe keine Liebe für ihn, – es ist gut, daß du ihn lieben kannst."
Wenn ich zulassen kann, daß „mein" Gott auch meine Feinde liebt, verwirkliche ich im Prinzip schon die Feindesliebe. Wenn Jesus in der Bergpredigt sagt: „Liebet eure Feinde!", ist das wohl keine moralische Forderung bzw. Überforderung. Es ist die Notwendigkeit, Gott als den zu akzeptieren, der er ist, nämlich als den, der mich und auch meinen Feind liebt. Wenn ich Gott „erlauben" kann, daß er auch meinen Feind liebt, dann ist es dieser Gott, der mich mit meinem Feind zusammenbringt. So ist diese „Forderung" der Bergpredigt, wie auch alle anderen Forderungen, eine Verheißung für den Glaubenden, eine Ermöglichung durch Gott für den, der Gott so nimmt, wie er ist. Gott ist eben anders, als es wir uns in unseren selbstgemachten Vorstellungen einbilden. Gott ergreift immer Partei für alle Menschen; er hat keine Feindbilder. Das macht uns das Gottvertrauen oft schwer, weil wir in der Regel nicht ohne Freund-Feind-Schema leben können. Dieses Schema gehört wohl wie die Kategorien gut und böse zur Erbschuld. Die Überwindung kann nur langsam und allmäh-

lich aufgebaut werden durch die Gottesbeziehung und deren Einübung.
Frieden wird es auf Erden im kleinen wie im großen nur dann geben können, wenn die Menschen diesen Gott anerkennen, der alle Menschen liebt und keine Feinde kennt. Solange „mein“ Gott noch Feinde hat, werde ich immer einen Grund haben, einen „heiligen Krieg“ zu entfesseln und „mit Recht“ und in „heiliger Pflicht“ meine Gegner als die Feinde Gottes zu vernichten. Aus konkurrierenden Wertsystemen und -vorstellungen entstehen alle Rechthabereien bis hin zu den grausamsten Kriegen und Verfolgungen. Die Geschichte zeigt, daß die Grausamkeit grenzenlos wird, wenn Menschen für eine „heilige Sache“ kämpfen – gleichgültig, für welche Religion. Für den Gott, der sich in Jesus Christus allen Menschen hingegeben hat, kann man keine Kriege führen. Wenn sie dennoch geführt wurden, dann war das Verrat an dem, in dessen Auftrag man zu kämpfen glaubte.
Es ist tragisch, daß mich der Glaube an den Gott, der keine Feinde hat, nicht schlagartig von meinen Feindbildern befreit und daß ich wohl zeitlebens mir und meinem Glauben im Weg stehe. Es ist tragisch, daß ein gemeinsamer Feind die Menschen oft stärker verbindet als die Macht der Liebe. Es ist tragisch, daß die Kirche den Gott der Liebe, den sie verkündet, oft selbst behindert und verhindert, so daß Menschen aus der Kirche austreten, weil sie in ihr den Gott der Liebe nicht finden können.
Der Glaube an den Gott, der keine Feinde hat, ist mir soviel Verzicht verbunden, den wir nicht, nur mangelhaft oder nur ganz allmählich erbringen können. Verzicht auf Rache, auf Vergeltung, auf Rechthaben, auf Ansprüche. Dieser Gott der Liebe macht mich ganz arm. Umgekehrt gilt: Wenn ich arm bin oder bereit bin zur Armut, kann mir der Gott der Liebe alles werden. Ich kann den Gott der Liebe bei mir selber und in der sündigen Menschheit nur wie einen „Schatz im Acker“ oder wie „Weizen im Unkraut“ finden. Immer muß ich bei mir und den anderen viel in Kauf nehmen, aber es bleibt mein Trost, daß es diesen Gott gibt.

## 2. Gott ist anders. Er hält sich nicht an unsere Grenzen

*„Meine Gedanken sind nicht eure Gedanken,*
*und eure Wege sind nicht meine Wege – Spruch des Herrn."*
(Jes 55,8)

Gott ist „der andere", der „Dritte", der uns begegnet, wenn wir Begegnungen haben in der Welt. Wenn ich dir, wenn ich mir selbst, wenn ich der Schöpfung begegne, ist ER das begegnende Moment. Und dieser Gott ist „anders". Er begegnet uns auf unseren Wegen, in den Bahnen unseres Denkens, in den Kategorien unserer Bewertungen. Wenn uns auch Gott auf unseren Wegen begegnet, deshalb sind unsere Wege noch lange nicht die Wege, auf denen Gott „geht". Er „geht" nicht unsere Wege; er kreuzt sie nur immer wieder. An sich sind die Wege Gottes „himmelweit entfernt" von unseren Wegen. „So hoch der Himmel über der Erde ist, so hoch erhaben sind meine Wege über eure Wege und meine Gedanken über eure Gedanken" (Jes 55,9). Die „Anderheit" (ein Wort von M. Buber) Gottes soll uns aber nicht deprimieren und zur Resignation verleiten, im Gegenteil. Der Schluß des 55. Jesajakapitels will ermahnen und ermuntern zum Vertrauen.

Zugegeben, Gott ist zunächst eine Zumutung, weil wir ihn nie begreifen und erfassen können. Er wird uns meistens „unmöglich" erscheinen. Es gibt lediglich die Kreuzungsstellen seiner Wege mit unseren Wegen. Diese Kreuzungspunkte sind die Stellen, wo die „Anderheit" Gottes zur „Unserheit" unseres Lebens wird. An diesen Stellen spüren wir Gott. Es sind die Stellen des Glücks und die Stellen des Leids in unserem Leben. Diese Kreuzungspunkte sind „Stellen", d.h., hier werden wir „gestellt", herausgefordert zu einer Stellungnahme. Unsere Spontanreaktion auf das Glück ist habgieriges Besitzen-Wollen und auf das Leid Auflehnung und Verdrängung. Die unbändigen Kräfte in Habgier und Auflehnung helfen uns, ja zwingen uns zur Auseinandersetzung und zur Stellungnahme. Wenn wir in diesen Auseinandersetzungen den Mut zum Glauben finden, dann können wir punktuell Gottes Wege erahnen, und diese Kreuzungspunkte erweisen sich als die „Sickerstellen" Gottes in unserem Leben. Es sind die Stellen, an denen Gott „einfließt" in unser Leben und uns begleitet auf unseren Wegen. Wer sein Glück in blinder Leidenschaft nur „verbraucht" und sein Leid nur betäubt und verdrängt, übersieht und übergeht die wichtigsten Stellen seines Lebens. Er braucht

sich aber auch nicht zu wundern, wenn dann die Krise kommt und ihm sein ganzes Leben, sein ganzer Lebensweg, als sinnlos erscheint.
Die Zumutung, die Gott für uns darstellt – weil er nicht am Weg steht, sondern unseren Weg kreuzt –, macht uns das Vertrauen immer wieder schwer. Andererseits kann diese Zumutung für uns „Zu-Mutung“ werden, Ermunterung zum Vertrauen.
„Gott ist anders“ – das ist *der* Trost in unserem Leben! Wir können *immer* vertrauen und hoffen, daß alles letztlich gut wird, auch wenn alles ganz anders kommt in unserem Leben, als wir es für gut und richtig halten. Der enttäuschte und „betrogene“ Ehepartner, der „durchgefallene“ Prüfling, der unheilbar Kranke oder Behinderte, – sie alle dürfen hoffen, daß ihr Leben letztlich doch noch glückt, wenn auch ganz anders, als sie es sich vorstellen und zunächst wünschen. Eben deshalb, weil Gott anders ist.
Die „Anderheit“ Gottes läßt mich auch dort vertrauen, wo von mir aus kein Vertrauen mehr möglich wäre. Das sagt und schreibt sich natürlich sehr leicht. Es sind die schwersten und unbequemsten Prozesse, die ein Mensch durchmachen muß, bis er „ein bißchen“ zu diesem „unmöglichen“ Vertrauen kommt, zur „Hoffnung wider alle Hoffnung“. In diesem Vertrauen ist der Tod miteingeschlossen: das Vertrauen, daß alles gut wird, auch wenn in diesem Leben alles schief geht und ich das erwartete Glück nicht finde. Worauf soll denn ein Mensch noch hoffen, bei dem z.B. die Ehe nach 25 Jahren gescheitert ist, die Erziehung versagt hat (Kinder im Gefängnis) und der selbst unheilbar krank ist (Krebs)!? Wenn einer in diesem Leben gar nichts mehr hat, woran er sich freuen und worauf er hoffen könnte, bleibt ihm nur mehr der *andere* Gott. Diesen anderen Gott in diesem Leben zu finden, ist not-wendig, überlebensnotwendig. Unter drei Gesichtspunkten wollen wir nun die Anderheit Gottes betrachten:

## Gott ist nicht moralisch

Wir sündigen Menschen stehen nicht mehr in der unmittelbaren Gottesbeziehung, aus der wir unmittelbar leben könnten. Wir haben „vom Baum der Erkenntnis“ gegessen, und so haben wir nun einmal die Urteilskategorien von gut und böse, richtig und falsch, entweder - oder. Wir können nicht nur urteilen, wir müssen urteilen! Das ist nun einmal unsere Lebenssituation. Wir brauchen Richt-Linien, nach denen wir uns und andere „richten“

können. Wir brauchen etwas, an das wir uns halten können. Gott ist uns doch oft so ferne, daß wir „Haltehilfen“, „Geländer“ brauchen, weil wir uns doch oft nicht direkt an ihm einhalten können. So können wir Gesetz, Gebot, Moral als notwendige Lebenshilfe betrachten. In den Geboten zeigt uns Gott nicht *seine* Wege. Er gibt *uns* einen Weg, der das Leben „regelt“ und in der Regel Leben hier auf Erden ermöglicht. Ohne Moral können wir nicht leben. Dabei ist aber das Problem und die Frage, was in der Moral wandelbar ist und was nicht, noch nicht geklärt; es geht hier nur um die grundsätzliche Feststellung.
Der Mensch steht auf dieser Welt immer wieder vor der Frage: Was muß ich tun? Man könnte sofort zurückfragen: Warum hältst du dich nicht an Gott fest? Aber wenn er dies in ausreichendem Maß schon könnte, täte er es, und wenn er es täte, müßte er nicht mehr fragen: Was muß ich tun? Die Frage ist nun einmal da und braucht eine konkrete Antwort. Die Antwort heißt ganz einfach: „Halte die Gebote!“ Ein Mensch, der nicht zum Gebotehalten und zur Unterscheidung von gut und böse erzogen wird, wird praktisch nicht lebensfähig. Natürlich soll der Mensch *darüber hinaus* zur Gottesbeziehung gelangen; die Ermöglichung der Gottesbeziehung ist das wichtigste christliche Erziehungsziel! In der Gottesbeziehung lernt der Mensch verantwortlich umzugehen mit den Geboten. Aber dieses Ziel geht über die gesellschaftlich notwendige Moral *hinaus* und nicht an ihr vorbei, um sie herum. *Durchdringung* der Moral und nicht ihre *Umgehung* führt zur Freiheit der „Kinder Gottes“.
Nun ist es sehr schwer zu beobachten, daß Gott sozusagen dem Menschen Lebenshilfen und die Markierung eines Lebensweges gibt, er selbst aber völlig andere Wege geht, die wir nicht begreifen, ja sogar manchmal schlecht finden müßten, wollten wir sie nach unseren Kategorien beurteilen. Können wir Gott erlauben – so wie er keine Feinde hat, daß er auch ganz andere Wege geht? Daß er seine Sonne aufgehen läßt über Gute *und* Böse? Daß er dem Übeltäter auch Augenblicke echten Glücks schenkt, in denen er ihm begegnen und ihn bekehren möchte? Daß er dem ungültig Verheirateten oder dem Paar ohne Trauschein auch seine Liebe in der Begegnung schenkt? Daß er den Verbrecher, den Terroristen und alle, die wir bestrafen und dingfest machen müssen, auch liebt und aufnimmt? – Können wir das Gott erlauben?! – Jesus treibt es sogar auf die Spitze: „Zöllner und Dirnen gelangen eher in das Reich Gottes als ihr“ (Mt 21,31). Gott gibt uns die Moral, und dann gibt er den Unmoralischen den Vorzug! Moral ist zur

Bewältigung des irdischen Lebens, und Gott will, daß wir das irdische Leben meistern, darum will er die Moral. Aber Moral ist noch nicht der Weg zu Gott. Der Weg zu Gott ist die Liebe. Und die Liebe kann auch der und gerade der haben, der moralisch gescheitert ist.
So groß die Zumutung auch sein mag, daß Gott nicht moralisch ist, so groß ist auch der Trost, der darin liegt. Auch wenn wir moralisch gescheitert sind (was wir gewiß nicht *sollen!*), brauchen wir nie Angst zu haben, daß wir deswegen Gott verlieren oder verloren haben. Dies ist auch der große Trost für Menschen, die einen Angehörigen haben, der moralisch gescheitert ist.
Die Frage, warum die Kirche manche „Gescheiterte" unter gewissen Bedingungen ausschließt, ist äußerst schwierig und kann kaum befriedigend beantwortet werden. Aber – ohne das Problem verharmlosen zu wollen – hier wird mein Glaube ganz persönlich herausgefordert: Auch wenn mich die Kirche ausschließt, ja vielleicht ausschließen muß nach ihren derzeitigen Satzungen, – Gott schließt mich nie aus; ER läßt mich nie fallen! Gott wirkt verbindlich in der Kirche und durch die Kirche, aber er begrenzt seine Liebe und sein Wirken nicht durch die Institution der Kirche.
Es ist schlimm, wenn ein Mensch durch tragische Lebensumstände nicht mehr der institutionalisierten Kirche angehören kann. Gott jedoch gibt ihn nicht her. Dieser Mensch braucht jetzt noch mehr Vertrauen. Innerhalb der Kirche kann für manchen das Vertrauen leichter sein. Jetzt muß er in der Kraft des Vertrauens über die Kirche und vielleicht auch über sich selbst hinauswachsen.

## Gott ist „unmöglich". Er greift nicht ein

So wie die Menschen über Jesus den Kopf geschüttelt haben, so kommt uns das Kopfschütteln, wenn wir manche Jesusgeschichte lesen. Da kann uns das eine oder andere richtig auf den Nerv gehen.

### DIE HEILUNG DES BESESSENEN VON GERASA

*Sie kamen an das andere Ufer des Sees, in das Gebiet von Gerasa. Als er aus dem Boot stieg, lief ihm ein Mann entge-*

*gen, der von einem unreinen Geist besessen war. Er kam von den Grabhöhlen, in denen er lebte. Man konnte ihn nicht bändigen, nicht einmal mit Fesseln. Schon oft hatte man ihn an Händen und Füßen gefesselt, aber er hatte die Ketten gesprengt und die Fesseln zerrissen; niemand konnte ihn bezwingen. Bei Tag und Nacht schrie er unaufhörlich in den Grabhöhlen und auf den Bergen und schlug sich mit Steinen. Als er Jesus von weitem sah, lief er zu ihm hin, warf sich vor ihm nieder und schrie laut: Was habe ich mit dir zu tun, Jesus, Sohn des höchsten Gottes? Ich beschwöre dich bei Gott, quäle mich nicht! Jesus hatte nämlich zu ihm gesagt: Verlaß diesen Mann, du unreiner Geist! Jesus fragte ihn: Wie heißt du? Er antwortete: Mein Name ist Legion; denn wir sind viele. Und er flehte Jesus an, sie nicht aus dieser Gegend zu verbannen.*
*Nun weidete dort an einem Berghang gerade eine große Schweineherde. Da baten ihn die Dämonen: Laß uns doch in die Schweine hineinfahren! Jesus erlaubte es ihnen. Darauf verließen die unreinen Geister den Menschen und fuhren in die Schweine, und die Herde stürzte sich den Abhang hinab in den See. Es waren etwa zweitausend Tiere, und alle ertranken. Die Hirten flohen und erzählten alles in der Stadt und in den Dörfern. Darauf eilten die Leute herbei, um zu sehen, was geschehen war. Sie kamen zu Jesus und sahen bei ihm den Mann, der von der Legion Dämonen besessen gewesen war. Er saß ordentlich gekleidet da und war wieder bei Verstand. Da fürchteten sie sich. Die, die alles gesehen hatten, berichteten ihnen, was mit dem Besessenen und mit den Schweinen geschehen war. Darauf baten die Leute Jesus, ihr Gebiet zu verlassen.*
*Als er ins Boot stieg, bat ihn der Mann, der zuvor von den Dämonen besessen war, bei ihm bleiben zu dürfen. Aber Jesus erlaubte es ihm nicht, sondern sagte: Geh nach Hause, und berichte deiner Familie alles, was der Herr für dich getan und wie er Erbarmen mit dir gehabt hat. Da ging der Mann weg und verkündete in der ganzen Dekapolis, was Jesus für ihn getan hatte, und alle staunten.* (Mk 5,1–20)

Besessenheit ist nicht etwas, das es nur bei einigen wenigen und nur in biblischer Zeit gab. Besessenheit gab und gibt es zu allen Zeiten, und jeder Mensch hat seine größeren oder kleineren Besessenheiten. Die Art der Diagnose ist verschieden je nach

Weltbild und Standpunkt, von dem aus man sie betrachtet. Wenn ich einen Wutanfall oder einen hysterischen Anfall habe, in dem ich mich selber „nicht mehr kenne“, in dem ich unheimliche Kräfte in mir verspüre, dann erlebe ich Momente der Besessenheit. – Betrachten wir nun Jesus, wie er dem Besessenen begegnet.
Jesus sagt: „Verlaß diesen Mann, du unreiner Geist!“ Der Besessene empfindet das offensichtlich als Qual. Ähnlich können wir es wohl auch erleben, wenn jemand in unserer Not mit Appellen kommt: Sei vernünftig; sei brav; benimm dich ordentlich; sei anständig, dann können wir dir helfen...! Jesus begegnet dem Besessenen ganz anders: „Wie heißt du?“ Jesus *erkundigt* sich nach dem Menschen. Wer bist du? Wer bist du eigentlich? Und jetzt darf der Mann seine ganze Not aussprechen: „Legion!“ – Ich bin ja gar nicht ich; ich bin alles andere, nur nicht ich selbst; allen Teufel habe ich; „mich hat's“, und ich habe mich nicht. Er „fleht“ Jesus an, daß er ihm seine Teufel nicht vertreibt, daß er nicht „vorgeht“ gegen die Bosheit und Dämonie, sondern daß er selber seine Teufel (seine Aggressionen) herauslassen darf. Er muß seine Wut und seine Kräfte irgendwo auslassen und austoben können. Und nun kommt das Unerhörte, „Unmögliche“: Jesus erlaubt es ihnen.
Der Besessene geht auf die Schweine los und treibt sie in den See. Dann ist ihm „wohl“, dann ist er wieder bei Trost, bei Verstand, bei sich selber. Jesus hat ihm die Bosheit „erlaubt“, das hat ihn geheilt. Er hat ihn geheilt auf Kosten der Schweinebesitzer, auf Kosten der Tierquälerei. Der Besessene wurde geheilt nicht dadurch, daß ihn Jesus gezwungen hat, sich von seinen Dämonen (von seiner Bosheit) zu trennen, sondern dadurch, daß er mit Erlaubnis Jesu seine Dämonen mit allen boshaften Auswirkungen hat „haben dürfen“. Es ist paradox: Jesus heilt durch Unheil! Wir spüren, wie sich in uns alles sträubt.
Gott greift in unser Leben dadurch ein, daß er nicht eingreift! Er greift ein und läßt dabei alles, wie es ist. Gott verändert alles in unserem Leben, indem er gar nichts verändert. Er kommt nur. Nichts ändert sich, und doch ändert sich alles. Ich darf meine Dämonen, meine Bosheit haben – und dann habe ich sie auf einmal nicht mehr. – Man kann nicht genug über dieses Paradox und diese paradoxe Heilung nachdenken.
Viele Bibelgesprächsleiter arbeiten mit der Methode: „Was würde Jesus heute sagen?“ Ja, was würde er sagen, wenn ein Verrückter, etwa ein Terrorist, zu ihm käme und sagte: Jetzt muß ich ein

paar Leute umbringen, eine Bombe hochgehen lassen, ein Flugzeug entführen ...? Man traut sich gar nicht weiterzudenken ... Jesus erlaubte es ihm!? Freilich will Gott keine Verbrechen, und jede menschliche Gesellschaft muß den Terrorismus bekämpfen, wenn sie überleben will. Gott will nicht den Terrorismus. Und er sagt dem Terroristen auch: „Tu's nicht!" Wenn aber dieser sagt: „Ich kann nicht anders, ich muß das jetzt anstellen", hindert er ihn nicht. Er bedroht ihn und bestraft ihn nicht. Er behält ihn „ganz einfach" in seiner Liebe! – Uns, die wir für Recht und Ordnung sorgen *müssen,* ist dieses Verhalten unbegreiflich. Gott vertraut uns die Weltordnung an, und wenn es darauf ankommt, fällt er uns in den Rücken. „Unmöglich!"
In der Tat: Gott verhindert keine Kriege, sein „Waffensegen" bewirkt keine Ladehemmung, er greift nicht ein in die menschlichen Gene und läßt alles zu, was die Menschen hier und in der Welt anrichten. Vielleicht haben die Propheten und Jesus ein paar Menschen geheilt, aber Gott hat die Seuchen nicht verhindert. Er tut auch nichts gegen Aids. Die Krankenheilungen kann man direkt als Provokation verstehen: An einigen Menschen zeigt Jesus, was Gott tun könnte, doch bei der Masse tut er es nicht, – auf alle Fälle nicht in der irdischen Welt, und um diese geht es doch. – Und diesem Gott soll ich vertrauen!?
Was hilft uns dann diese Geschichte zum Vertrauen? Die Psychologie zeigt uns, daß Aggressionen lebensnotwendige Kräfte sind und daß ihre zerstörerische Richtung umgelenkt werden müßte. Aber wie werden zerstörerische Aggressionen verwandelt in kreative, aufbauende Kräfte? Aggressionen kann der Mensch selber nicht verwandeln, er muß Wege suchen, sie abzulassen und auszulassen, ohne viel Unheil anzurichten. Sonst bringen ihn die Aggressionen selber um. Die Kampfspiele haben da für die Gesellschaft ihre große Bedeutung!
Aggressionen ablassen ohne Schaden! Aber was tut Jesus? Er läßt den Besessenen sich austoben, wie er will, und bietet ihm keine therapeutischen Übungen an. Vielleicht können wir erkennen: Jesus unternimmt nichts. Er unternimmt nichts *gegen* den Menschen, er ergreift aber auch keine Maßnahmen *für* den Menschen. *Er ist nur da* (vgl. Jahwe = ich bin da). Er ist da, verstehend, liebend, unter allen Umständen – bis zur „Unmöglichkeit". Diese „Unmöglichkeit" seines Daseins gipfelt in seinem freiwilligen Kreuzestod, den er erleidet, nur weil er sich vor den „besessenen" Menschen nicht in acht nimmt und nicht davonläuft. So wie er dem Besessenen „erlaubt", die Schweine zu vernichten, so

„erlaubt" er den besessenen Menschen (Römer, Führer der Juden, Henker), ihn zu kreuzigen. Bei einer Karfreitagsbetrachtung mit Kindern sagte ein vierjähriger Junge: „Für mich war dieser Jesus ganz schön blöde." Das ist die „Lösung" der Erlösung. Das kann nur Gott. Das kann sich nur Gott erlauben, daß er uns erlaubt, ihn zu töten.

Wer diese Geschichte und das Jesusgeschehen genau betrachtet, kommt vielleicht zu dieser Einsicht: Gott kommt in Jesus nur deshalb, um uns erfahrbar zu machen, daß er immer und unter allen Umständen bei uns ist, bei uns steht und uns liebt, gleichgültig, was wir mit ihm tun. Er verändert uns nicht direkt. Aber wer diese bedingungslose Liebe zuläßt, wer das bedingungslose Geliebtsein annimmt, der wird ein anderer. Wer Jesus begegnet, genauer: den Jesusbegegnungen der Evangelien begegnet, der muß vielleicht gar nicht mehr die Schweine in den See treiben. In der betrachtenden Begegnung mit dem gekreuzigten Jesus, dem geschlachteten Lamm, können meine Dämonen ausfahren und meine Aggressionen in kreative Kräfte verwandelt werden, bevor sie Zerstörung angerichtet haben. – In Wut, Haß und Aggression auf den Gekreuzigten zu vertrauen, – das kann mir die Befreiung und den Frieden bringen. Ob ich nun die „Schweine in den See getrieben" habe oder nicht, ist – irdisch betrachtet – natürlich nicht gleichgültig; für das Erbarmen Gottes aber ist es letztlich gleich gültig.

## Gott ist nicht gerecht, wie wir Menschen gerecht sind

> *„Wenn eure Gerechtigkeit nicht weit größer ist als die der Schriftgelehrten und Pharisäer, werdet ihr nicht in das Himmelreich kommen"* (Mt 5,20).

Gott verlangt von uns eine größere Gerechtigkeit als die der Pharisäer. Wir sind geneigt, unter „größerer" Gerechtigkeit eine noch „genauere" Gerechtigkeit zu verstehen. Aber sind die Pharisäer nicht berühmt für die Buchstabentreue ihrer Gerechtigkeit? Was ist diese größere Gerechtigkeit? Die Gerechtigkeit Gottes, die auch wir Menschen haben sollten! Wenn wir „Gerechtigkeit" betrachten, lohnt es sich, das Wort „recht" zu meditieren. Wenn etwas aufgerichtet oder ausgerichtet ist, ist es „recht". Wenn etwas ausgeglichen ist, so ist, wie es sein soll, dann ist es „recht".

Unsere angeborene „Gerechtigkeit“ und unser Gerechtigkeitsempfinden finden wir dargestellt in der Gerechtigkeit der Pharisäer. Wir alle sind Pharisäer. Die pharisäische Gerechtigkeit ist die typisch menschliche Gerechtigkeit, nach der wir die Menschen beurteilen müssen. Nach dieser Gerechtigkeit müssen wir auch verurteilen und bestrafen, sonst können wir nicht leben. Nach dieser Gerechtigkeit teilen wir die Menschen ein in „Gerechte“ und „Ungerechte“. Aus dieser „Ge-Rechtigkeit“ leiten wir das Recht ab und bestimmen, was Unrecht ist. Dies ist lebensnotwendig; wer könnte und möchte ohne Rechtsstaat, ohne institutionalisiertes Recht, leben?

Wer aber bedenkt, daß dies eine „Gerechtigkeit von Sündern“ ist? Wir bestimmen aus unserer sündigen Natur heraus, was recht und gerecht ist. Es ist gerecht, daß jeder bekommt, was er „verdient“ hat. Der Gute verdient Gutes, der Böse verdient Böses. Wir alle haben kein „gutes“ Gefühl, wenn der Böse nicht bestraft wird. Wenn Paulus sagt: „Vergeltet nicht Böses mit Bösem!“ (Röm 12,17), dann fassen wir das meist recht oberflächlich auf als Appell gegen unsere Rachsucht, aber daß damit unser ganzes Gerechtigkeitsprinzip in Frage gestellt ist, kommt uns kaum zum Bewußtsein. Unser Gerechtigkeitssymbol ist die Waage: Gutes wird mit Gutem aufgewogen, Böses mit Bösem. Wer Gutes tut, erwirbt einen Anspruch auf Gutes; wer Böses tut, muß Böses empfangen. – „Wer Blut vergießt, dessen Blut soll vergossen werden.“ „Das eben ist der Fluch der bösen Tat, daß sie fortzeugend immer Böses muß gebären.“ Durch unsere Gerechtigkeit wird ein Teil des Bösen legalisiert: Es gibt die „gerechte“ Tötung, den „gerechten“ Freiheitsentzug und früher(?) die „gerechte“ Folter. Und im privaten Bereich, wo es vor allem um seelische Grausamkeiten und Quälereien geht, habe ich ein gutes Gefühl, wenn ich dem andern das Unrecht heimgezahlt und mein aufgebrachtes Rechts- oder Unrechtsempfinden abreagiert habe.

Wir Menschen vergelten Böses mit Bösem und finden das „gerecht“, wenn das „Zünglein an der Waage“ Gleichgewicht anzeigt. Das Problem hierbei ist das „Zünglein“! Wer will bestimmen, wann Gleichgewicht herrscht, wenn man alles, was dazugehört, in die Waagschale wirft. Wenn man nur einmal bedenkt, was alles zusammenkommt, wenn ein Mensch zum Mörder oder Massenmörder wird! Auf alle Fälle wiegen wir „gerechten“ Sünder das Böse mit Bösem auf. Wir finden es „gerecht“, wenn wir das Böse verdoppeln. Daß wir das Böse (die „gerechte Strafe“) in die andere Waagschale legen, ändert nichts an der Verdoppelung!

Der Waagbalken muß beides aushalten. (Es gibt ein Bild der Justitia, der allegorischen Gestalt für Gerechtigkeit, auf dem der Waagbalken zerbrochen ist!) Gott muß viel aushalten, weil er unsere „Gerechtigkeit" aushält, die von ihm aus gesehen eine Verdoppelung des Bösen ist.
Die Gerechtigkeit Gottes ist eine ganz andere. Er vergilt das Quälen nicht mit Gequält-Werden. „Er ist gütig gegen die Undankbaren und Bösen" (Lk 6,35). Wenn wir als Symbol für die menschliche Gerechtigkeit die Waage betrachten, bei der der Waagbalken aus einem zweiarmigen Hebel besteht, dann gilt als Symbol für die göttliche Gerechtigkeit der einarmige Hebel. Gott wiegt unsere Bosheit nicht auf durch ein Gegengewicht auf der anderen Seite, sondern er *hebt* das Gewicht unserer Bosheit direkt auf durch eine Zugkraft nach oben, durch die Kraft der Liebe, die wir Gnade nennen. Es wird also kein „Gleichgewicht" hergestellt, sondern es wird das Gewicht überhaupt aufgehoben. Unsere Bos heit ist zwar da, aber im Kraftstrom des Erbarmens, der Gnade, „wiegt" sie nichts mehr.
Die Bosheit muß auf alle Fälle überwunden werden; die entscheidende Frage ist nur das Wie! Durch Herstellung eines Gleichgewichts, wie wir Menschen es versuchen, oder durch Aufhebung des Gewichts, wie Gott es tut. Symbolisch: zweiarmiger Hebel oder einarmiger. Es gehört zum Wesen der Gnade (Liebe), daß sie *ungeschuldet* ist, daß ich keinen Anspruch habe. Es ist niemals selbstverständlich, daß Gott mich begnadet. Andererseits kann ich aber auch erahnen, warum Gott Menschen geschaffen hat, die böse werden konnten: Es kann nie etwas schief gehen, weil das Erbarmen Gottes unendlich groß und damit immer groß genug ist, alle menschliche Bosheit aufzuheben. Was vom Menschen „geleistet" werden muß, ist die Annahme der göttlichen Gerechtigkeit. Das Annehmen der Liebe ist nicht so einfach, wie es zunächst aussieht. Gewiß ist es die Befreiung von der Vergeltung und Vergeltungsangst im Sinne von Rache und Rächen. Wenn Gott sagt: „Mein ist die Rache", bedeutet das nicht, daß Gott wie ein rachelustiger Mensch Vergeltung üben will, sondern daß er die Rache dem Menschen aus der Hand nimmt, um auf seine Weise durch „Erbarmen und Verschonen" „Rache" zu üben. Das klingt schön und angenehm. Aber das Annehmen der Gnade oder das Wirken der Gnade (der „Aufhebekraft") ist nur möglich, wenn ich dabei gnädig werde. Wenn ich mir und den Menschen gegenüber ungnädig bleiben will, ist die Gnade Gottes zwar da, aber sie kann nicht ansetzen, mich nicht erfassen. Wenn ein Mensch ewig

ungnädig bleiben wollte (und sich nicht ändert), dann gäbe er der Gnade (Liebe Gottes) keine Chance. Gott steht immer bereit mit seiner Liebe. Liebe zwingt nie. Wenn Liebe zwingen wollte, wäre sie sofort keine Liebe mehr. Das Annehmen der Gnade ist verknüpft mit dem Verzicht auf menschliche Gerechtigkeit, auf die Gleichgewichtung des Bösen – oder kurz: mit dem Verzicht auf Rache. Dieser Verzicht fällt uns ungemein schwer, weil ja die rächende Gerechtigkeit unser irdisches Leben regelt und unserem tatsächlichen Lebensgefühl näher liegt. Für viele Menschen ist es ein Trost, sich vorzustellen, daß wenigstens Gott meine erlittenen Ungerechtigkeiten rächt, wenn meine Peiniger mich hier auf Erden ungestraft mißhandeln „dürfen".

Wenn ich über das Erbarmen Gottes predige und meditiere, ernte ich immer auch eine oft sehr heftige Opposition: „Wo bleibt die Gerechtigkeit Gottes?!" – Die Gerechtigkeit Gottes bleibt nicht aus, sie ist eben eine *andere* als unsere. Das Verhalten Jesu zu den Sündern und manche Gleichnisse (Arbeiter im Weinberg, der barmherzige Vater) zielen direkt in diese Richtung. Die Begriffe „Strafe" und „Sühne" sind im Hinblick auf Gott anders zu verstehen als im Zusammenhang unserer gesellschaftlichen Lebenspraxis. „Strafe" Gottes ist nicht das, was Gott „gerechterweise" dem Sünder antut. Strafe Gottes ist die Anerkennung der Sünde durch Gott. Wenn sich ein Mensch von Gott abwendet, dann erkennt das Gott an und belästigt ihn nicht weiter, auch wenn er immer das „verlorene Schaf" sucht und ihm seine Liebe nie entzieht. „Gestraft" im menschlichen Sinn ist der Sünder immer mit sich selber. Ähnlich ist „Sühne" im Zusammenhang von Gnade keine Ersatzleistung im Sinn von Selbstbestrafung, sondern vielmehr das Mitwirken mit der Gnade, das im menschlichen Verzeihen, Erbarmen und Verschonen seinen Ausdruck findet.

Nun wird mancher Leser immer noch einwenden: Die Bibel, Jesus selber, spricht doch an vielen Stellen von Vergeltung und Verdammnis. Wenn man die Stellen im einzelnen betrachtet, wird man feststellen, daß wir unser rächendes Vergeltungsdenken nur deshalb bestätigt sehen, weil wir es zugrundelegen. Sätze wie: „Jedem wird vergolten (oder jeder wird belohnt), je nachdem er Gutes oder Böses getan hat", muß man nicht im Sinn *rächender* Vergeltung sehen! „Vergeltung" heißt zunächst „zur vollen Geltung bringen". Im „Gericht" wird alles, auch das Geringste, in voller Geltung erscheinen: das Gute und das Böse. Jeder wird sich und die anderen so sehen, wie sie sind *vor* Gott, nicht so, wie *er* geglaubt hat, daß sie sind! Und dann vollzieht Gott das „Gnadengericht“, das „Rechtmachen“ oder die „Rechtfertigung“ aus Gnade, d.h., er hebt das Gewicht unserer vollgültigen Bosheit auf (wenn wir es annehmen). Wer „viel“ Erbarmen braucht, wird viel erhalten, wer „wenig“ braucht, nur wenig! Das Gnadengericht wird automatisch für den „furchtbar“ und zum „Strafgericht“, der verlangt – und solange er verlangt –, daß Gott gerecht sein muß, wie wir sündige Menschen gerecht sind. Für den Glaubenden ist das Gericht Gottes eine frohe Botschaft. „Auf Gottes Gericht vertrauen“ ist gleichbedeutend mit „auf Gottes Erbarmen vertrauen“.

Wie sollen wir aber in unserer Welt leben, wo wir doch vorwiegend eine gnadenlose Gerechtigkeit brauchen, wenn wir leben wollen? Die Antwort ist schwierig. Man kann nur darauf hinweisen: Eine „gnadenlose“ Gerechtigkeit ist ein Fortschritt gegenüber der gnadenlosen Ungerechtigkeit. Auf dem Weg zum Erbarmen kann ich die irdische Gerechtigkeit (ähnlich wie die Moral) nicht umgehen, ich muß sie durchdringen. Aber ich muß wissen, daß irdisches Gerechtigkeitsdenken nicht das Letzte, sondern das Vorletzte ist. Wenn ich im Glauben von der göttlichen Gerechtigkeit überzeugt und durchdrungen bin, dann finde ich wohl auch in der Verwaltung der Welt und meiner irdischen Belange den Kompromiß, der jeweils der beste ist. Zum Schluß steht die Frage an: Was berechtigt uns eigentlich, und was legt es uns nahe, die „Gerechtigkeit Gottes“ so zu verstehen? Antwort: der freiwillige Kreuzestod Jesu.

In unserer menschlichen Lebensweise und in unserer vergeltenden Gerechtigkeit erzeugen Wunden immer neue Wunden, Böses immer neues Böses. Der Verletzte ist verletzend. Wenn wir die Bosheit eines Menschen betrachten, können wir immer fragen: Was muß dieser Mensch Böses erfahren oder Gutes noch nicht erfahren haben, daß er (noch) so böse sein „muß“? Und umgekehrt bei der Güte eines Menschen: Was muß der Gutes erfahren haben oder Böses nicht erfahren haben, daß er (noch) so gut sein kann? Bei Jesus begegnen wir dem Paradox: Er hat alles Böse erfahren und reagiert mit Güte: „Vater, vergib ihnen ...“ Wo jemand auf Böses mit Güte reagiert – und nicht mehr mit dem Schrei nach rächender Gerechtigkeit –, da begegnen wir einer Gerechtigkeit, die nicht von dieser Welt stammt, die nicht mehr dem sündigen Menschen entspricht: der Gnade Gottes. Im Tod Jesu ist diese Gnade, die Gerechtigkeit Gottes, in Reinkultur sichtbar und erfahrbar geworden. Wer dem sterbenden Jesus in der Tiefe des Glaubens begegnet, der wird sich nicht mehr aufregen müssen über die Ungerechtigkeit bzw. über die Gerechtigkeit der Menschen. (Jesus ist ja „gerecht“ verurteilt worden! – „Gerechtigkeit“ und „Ungerechtigkeit“ sind hier gleichbedeutend geworden!) Wer dem sterbenden Jesus begegnet, kann nur mehr betroffen und erschüttert sein vom unendlichen Erbarmen, das sich hier offenbart, das alle Bosheit annimmt und aufhebt.

*Gott hat alles recht gemacht*
*Durch seine Händ.*
*Er erschafft Tag und Nacht,*
*Das Firmament.*

*Die Blumen auf Erden*
*Aufwachsen mit Freud,*
*Alles muß werden,*
*Wann kommet die Zeit.*

*Der Weinstock trägt Reben,*
*Die Erde bringt Frücht,*
*alles muß leben,*
*wie Gott es befielcht (= befiehlt).*

(Aus Südtirol)

## 3. Gott will, daß es mir gut geht

*So spricht der Herr, der dich geschaffen hat: „Fürchte dich nicht! Ich erlöse dich ja. Ich rufe dich beim Namen: Mein bist du! Gehst du durchs Wasser, ich bin bei dir. Gehst du durch Feuer, du wirst nicht verbrennen. Denn ich, der Herr, bin dein Gott. Fürchte dich nicht; ich bin ja mit dir!“*

(aus Jes 43,1 – 5)

LUSTIG SEIN

Gott
schenkt dir die Lust,
nicht damit du den Konsum vergottest
und süchtig wirst,
sondern damit du IHN preist,
der dich liebt und will,
daß du dich des Lebens freust
und lustig bist.

Gott meint mich ganz persönlich. Gewiß spricht Gott durch den Propheten das Volk Israel an; aber er kann nur der Gott eines Volkes sein, wenn er der ganz persönliche Gott der einzelnen dieses Volkes ist. Er trägt im Volk die Existenz der einzelnen. Gott ist der Gott Abrahams, Isaaks und Jakobs. Das ist der Gott des Volkes in verschiedenen geschichtlichen Phasen, aber auch der Gott der einzelnen Persönlichkeiten, der Gott, der *mich* will.
Dieser Gott ist „für uns Menschen und um unseres Heiles willen herabgestiegen vom Himmel". Dieser Satz des Glaubensbekenntnisses läßt keinen Zweifel mehr in der Frage: Was ist der Wille Gottes? Er will mein Heil, – nicht erst nach meinem Tod; er will mein Heil jetzt, auf dieser Welt. In unserer Verkündigung hat sich das leider etwas verschoben: Weil es uns so schwerfällt, das irdische Leben mit all seiner Mühsal positiv zu sehen, verlegen wir das Heil in die andere Welt nach unserem Tod, so daß für den Sinn des irdischen Daseins nur mehr das Himmel-Verdienen übrig bleibt. Das Im-Himmel-*Sein* auf dieser Welt halten wir wegen der Erfahrung von Leid und Tod für unmöglich. Trotzdem bleibt es der Sinn unseres irdischen Daseins, daß wir jetzt schon ins „ewige" Leben gelangen – durch die Erfahrung von Freude und Glück. Wenn der Tod kommt, sollten wir schon im Himmel, im ewigen Leben sein, – wenigstens mit „einem Fuß" im ewigen Leben stehen. Die Frage „Was kommt nach dem Tod?" sollte durch die Ewigkeitserfahrungen in meinem vergänglichen Dasein wenigstens zu einem kleinen Teil schon beantwortet sein.

## Das Leben ist eine Prüfung

*„... damit ihr ohne Tadel seid, geheiligt vor Gott, wenn Jesus, unser Herr, mit allen seinen Heiligen kommt."*
(1 Thess 2,10)

Die Prüfungsgeschichten der Bibel, am bekanntesten die Paradieserzählung und die Erzählung von Abraham und Isaak, werden meist allzu oberflächlich irdisch verstanden. Warum sollte Gott, der alles weiß, den Menschen prüfen? Das ist doch eine sinnlose Quälerei, wenn Gott doch immer schon weiß, wie sich der Mensch in der Prüfung verhält und entscheidet! – Gott braucht mich wirklich nicht zu prüfen. Aber ich brauche meine Prüfungen, weil ich mühsam erst lernen muß, wer ich bin. Prüfungen sind „Examen" der Selbsterfahrung, bei denen ich erfahre, was in mir drin ist. In der Prüfung erfahre ich, ob ich vertraue oder nicht. Die Kraft des Vertrauens erfahre ich ja erst in der Belastung. Daß mich eine Brücke trägt, erfahre ich erst, wenn ich über sie gehe. Mein Gottvertrauen „erweist" sich in der Prüfung. Ich kann mich erst ganz auf Gott verlassen, wenn ich gespürt habe, daß er mich trägt; umgekehrt muß ich mich ganz auf Gott verlassen, damit ich spüren kann, daß er mich trägt. Das sind die Prüfungssituationen. Sie verlaufen symbolisch zwischen Wasser- und Feuerprobe, zwischen Ertrinken in der Flut des Leids, das über mich herfällt und in das ich hineinfalle, und Verbrennen im Feuer der Leidenschaften, die aus mir hervorbrechen. Durch die Prüfungen meines Lebens wird mir Gott zur Lebensgewißheit und immer mehr zur tragenden Kraft. Ich bin ja gerade in meinem irdischen Leben auf *Lebenssicherheit* angewiesen, auf das echte, selbstsichere Auftreten. Jede Selbstsicherheit, die „selbstgemacht" ist, wirkt anmaßend und peinlich. Überzeugen können nur jene Sicherheiten, die aus den Prüfungen des Lebens und des Glaubens erwachsen sind.

## „Das ist es, was Gott will: eure Heiligung" (1 Thess 4,3)

Das Verstehen von Bibel und Liturgie würde uns viel besser gelingen, wenn wir das Wort „heilig" nicht so einseitig moralisch und moralistisch verstünden. Ein wortkundlicher Vergleich der Bedeutungen in den verschiedenen biblischen Sprachen wirft schon ein vielfältiges Licht auf das Wort „heilig". Im Deutschen bedeutet „heil sein“ soviel wie gesund sein, gut „beisammen“ sein. Der heile Mensch ist der gesunde Mensch. Mit gesund ist hier nicht die körperliche Gesundheit als solche gemeint, sondern die gesamtmenschliche Gesundheit: wenn ich mit mir „im reinen“ bin, wenn ich mich „bekehrt“ (d.h. zu mir selber gekehrt, gewendet) und mich angenommen habe, kurz: wenn ich glücklich bin. Gott will mein Heil heißt: Gott will mein Glück – jetzt schon. Jesus hat „durch sein heiliges Kreuz die ganze Welt erlöst“. Die Welt ist schon erlöst, sie muß nicht erst untergehen, bevor Erlösung erfahrbar wird! Gewiß können wir unterscheiden: Jetzt erleben wir das Heil anfanghaft, bruchstückhaft, „wie durch einen Spiegel“, und hernach in Vollendung „von Angesicht zu Angesicht“. Aber es ist das echte, unverlierbare Glück, das uns Gott in dieser unvollendeten Weise in diesem Leben schenkt.

Der Kern allen Glücks und das Wesen aller Freude ist die Freude, daß es mich gibt, das Ereignis, daß „*ich mich* freue“, wie wir es schon betrachtet haben. Heil sein bedeutet dasselbe wie gut gehen. Die Worte Heil und heilig sind durch den theologischen Gebrauch etwas abgegriffen, vergriffen, so daß ihre unerhört praktische Bedeutung nicht mehr recht zum Vorschein kommt. Wenn wir uns aber angewöhnen, bei den Wörtern heil und heilig an unser praktisches Gutgehen zu denken, werden wir erfahren, wie lebendig vor allem die Liturgie wird. Man kann sofort ausprobieren: „Du allein bist der Heilige“ – ja du, nicht ich, bist der, der ganz heil ist, von dem mein Gutgehen kommt. Bei dir bin ich an der Quelle meines Gutgehens!

Besonderes Augenmerk müssen wir der Nachsilbe „-ig“ schenken. Vgl. auch sonnig, schattig, farbig, selig (= „im Saale“, in Gemeinschaft, befindlich). Die Nachsilbe „-ig“ besagt etwas Abstrahlendes, etwas, das von etwas ausgeht. Die Sonne ist „sonnig“ heißt: Die Sonne ist nicht nur für sich ein Stern, sie ist es auch für mich; sie hat ihre Strahlen auch für mich.

Ein heiliger Mensch ist nicht einer, der nur Heil für sich hat, dem es nur für sich gut geht. Das Heil, das echte Gutgehen, strahlt ab. Wenn es mir gut geht, dann geht es auch allen Menschen, die mir begegnen, mit mir gut. Wenn es einem Lehrer, einer Krankenschwester, einem Seelsorger, einem Vater, einer Mutter z.B. nicht gut geht, dann müssen das alle Menschen aushalten und „büßen“, die mit diesem „unheiligen“, „unseligen“ Menschen zu tun haben. Wer „heil“ ist, der macht auch heil; der Heilige wirkt heilend. Die Nachsilbe „-ig“ bringt diese Auswirkung des Heils zum Ausdruck. – Und das ist der Wille Gottes: daß wir heil werden

(Heilung), aber das betrifft immer auch die anderen; so will Gott, daß wir heilig werden (Heil-ig-ung).
Was ist nun ein „Heiliger“? – Gewiß ist ein Heiliger auch ein Mensch mit hohen moralischen Qualitäten. Aber das ist nicht das Entscheidende an ihm, – und jeder Heilige hat auch seine Eigenheiten und seine Fehler! Betrachten wir das Wort „Heiliger“ einmal ganz naiv: Ein Heiliger ist einer, der heiligt. So wie der Bäcker bäckt, der Schreiner schreinert, der Schuster Schuhe und der Köhler Kohlen macht. Die großen Heiligen „heiligen“ auch nach ihrem Tod; sie wirken über ihr irdisches Leben hinaus. Im Grunde müßte ein Heiler (Arzt) immer auch ein heiliger (Priester) sein und umgekehrt. Der Heilende heiligt, wenn Heilung kein isoliertes äußeres Geschehen am Menschen bleiben soll, sondern den ganzen Menschen ergreift. Die herkömmlichen Verfahren der Schulmedizin und die modernen technischen Möglichkeiten sind gewiß großartig. Aber es bleibt immer die Frage nach dem Ursprung und dem Eigentlichen einer Krankheit und nach ihren Symptomen. – Der Heilige ist ein Mensch, der durch seine Gottesbeziehung eine ungewöhnlich hohe Identität erlangt hat und dadurch „identitätsbildend“, d.h. zur Selbstfindung und Gottfindung anregend wirkt. Heilige Taten sind nicht besondere Aktionen eines Aktivisten. Heilend ist das gesamte Tun eines heilen Menschen.
Bei Jesus ist die Einheit von heil und heilig, Heiler und Heiliger in seiner Gott-Menschlichkeit gegeben. Bei uns Menschen kann sich diese Einheit nur abbildhaft und bruchstückhaft – aber doch „echt“ und „wirklich“ ereignen durch die Begegnungen in unserem Leben, in denen Gott wirkt. – Von dieser Betrachtung des Heiligen her gewinnen die Worte des zweiten Meßkanongebetes ihren tiefen Sinn: „Ja, *du* bist heilig, großer Gott, du bist der Quell aller Heiligkeit.“ Dieses Gebet wird nicht nur sinnvoll, sondern selbst heilend, wenn ich mich im vollen Bewußtsein der Bedeutungszusammenhänge an die Quelle allen Heiles begebe. Entweder ist Gott das Heil, das „Ur-Heil“, oder er ist es nicht. Ich kann ihm nur *ganz* vertrauen oder gar nicht. Die Halbheiten des Gottvertrauens bedeuten im Leben soviel wie kein Vertrauen. Gewiß ist uns das Vertrauen mehr oder weniger zugänglich. Und manchmal sitzen wir in der „Gottesfinsternis“, wo uns Gott ganz abhanden gekommen ist und wo uns das Vertrauen verlassen hat. Aber es kommt darauf an, ob das mehr oder weniger starke Vertrauen aufs Ganze gerichtet ist und unser ganzes Leben einbezieht oder nicht.

Die „Heiligen“ sind „im Himmel“. Auch dieser Satz bezeichnet eine spürbare Realität; denn der „Himmel“ ist spürbar. „Himmel“ ist ein anderes Wort für „Gott“. Es bezeichnet Gott als „Seinsbefindlichkeit“. Ich bin jetzt schon „im Himmel“, wenn es mir gut geht, wenn ich eins bin mit mir selbst, wenn ich mit mir „im reinen“ bin. Der Ursprung aller Selbstfindung ist Gott. Und wenn ich in den Augenblicken des Glücks ganz bei mir bin, bin ich ganz in Gott. Wenn mein Leben davon geprägt ist und soweit es davon geprägt ist, bin ich im Himmel. Jetzt schon „im Himmel“ zu leben, ist dasselbe wie jetzt schon im „ewigen Leben“ zu sein. „Himmel“ ist der Mensch selber, sofern er sich in Gott angenommen hat. Den Himmel kann ich nur in mir, und ich kann mich nur im Himmel finden. Dieser Satz entspricht der Doppelwirklichkeit: Ich finde Gott in mir (als den, der mich selber schenkt, als Identitätskraft). Und: Ich finde mich in Gott (ich finde Gott als Ursache aller Kommunikationskraft). – Das Gegenteil von Himmel ist die Hölle: Isolation, das Fehlen von Identität und Kommunikation. An der Frage, „ob wir nach dem Tod in den Himmel kommen“, ist das Bedenkliche das Wort „nach dem Tod“! Sinnvoller ist die Frage, ob der Verzweifelte beim Tod herauskommt aus seiner Hölle!
Paulus bezeichnet ja auch die lebenden Christen als „Heilige“. Es gibt den Himmel auf Erden durch die Liebe Gottes. Und im liebenden Menschen sind Himmel und Erde eins geworden.

## Das Wichtigste ist, daß es MIR gut geht

Dieser Satz kann freilich sehr mißverstanden werden. Manchem Leser mag er New-Age-verdächtig erscheinen, einem anderen zu egoistisch klingen. Aber Gott will *mich*. Er wird auch im Gericht nach mir fragen: Wer bist *du*, kennst *du* mich, hat *dich* das Leben gefreut, das ich *dir* gegeben habe?! Und wenn ich antworte: Ich habe mich doch aufgearbeitet für dich! – wird er sagen: Das hättest du nicht sollen; *ich* bin allmächtig, nicht du! Du hättest glück lich sein sollen, ich habe dir doch den Himmel auf die Erde gebracht! – Viele von uns sind zu altruistisch erzogen: immer nur für den anderen dasein! So kommt es zum „Helfersyndrom“, daß man ohne Wohltatenempfänger gar nicht mehr leben kann, daß man immer gepriesen werden muß von den anderen und sich selber gar nicht mehr freuen kann. Natürlich soll man sich *am* anderen freuen und glücklich sein, wenn man helfen kann. Aber man sollte sich doch prüfen, ob man wirklich den anderen meint oder

ob man nur seine Abhängigkeit genießt. Die Abhängigkeit von der Abhängigkeit des anderen ist eine schlimme Form von Egoismus und Unreife.
Gott will, daß *ich* „heilig“ bin, daß es *mir* gut geht. „Ein Heiliger, der traurig ist, ist ein trauriger Heiliger.“ Gott kann mich nur in dem Maße für die Heiligung der anderen gebrauchen, als es mir gut geht. Gutgehen darf freilich nicht immer mißverstanden werden im Sinn von konsumorientierter Bequemlichkeit und Lüsternheit, oder im Sinn von Leidlosigkeit. – Wenn ich nach dem Willen Gottes frage, ist die Antwort: Er will, daß es *mir* gut geht, daß ich *mein* Leben lebe, daß *ich* glücklich bin. Und wenn ich den Willen Gottes erfüllen will, muß ich alles tun, damit es mir gut geht (Feiern, Fasten, Beten!).

*Auf den anderen zugehen*
Wenn Gott auch mich meint, mich und mein Glück will, so kann ich mein Gutgehen nicht absetzen vom Gutgehen der anderen oder es gar dagegen ausspielen. Ich muß es zwar sehen können, daß ein anderer leidet, aber mein Gutgehen darf nicht auf seinem Leid aufbauen. Ich muß mich hüten, in ein falsches Mitleid zu geraten (die sog. Gegen-Übertragung), weil ich sonst nicht mehr hilfreich sein kann. Ich muß in meiner Lebensfreude selbständig bleiben, aber gerade in meiner Freude „muß“ ich mich mit viel Mitfühlen und Einfühlen dem anderen zuwenden. Ein solches Gutgehen ist, wie gesagt, offen für den anderen, offen für alles. Wenn es mir gut geht, dann kann ich und „muß“ ich den ersten Schritt auf den anderen hin tun. Dieses Müssen ist kein moralischer Zwang von außen, sondern ein innerer Drang, eine Aus-Wirkung des echten Gutgehens. Der „Missionsbefehl“ heißt ganz einfach: „Geht!“ Jesus hat den ersten Schritt auf die Jünger hin getan. Die Jünger und alle Menschen, die sich von Jesus „angehen“ lassen, werden fähig, andere anzugehen, den ersten Schritt zu wagen. Was brauche ich, wenn ich in Schuld und Leid verzweifelt bin? Jemanden, der von innen heraus – nicht weil er zufällig auch Sozialarbeiter ist – den ersten Schritt auf mich hin tut.
Die Ostererzählungen des Johannes (Joh 20) zeigen dieses „Gängigwerden“ besonders eindrucksvoll: Der Auferstandene kommt von sich aus und begegnet Maria Magdalena und den Jüngern im Saal. Er geht auf die Jünger zu, haucht sie an, teilt ihnen seinen Frieden mit, damit die Jünger all das weitertragen zu den Menschen. „Wie mich der Vater gesandt hat, so sende ich euch“ (Joh 20,21). Er befähigt die Jünger, das mitzuteilen, was er ihnen mit-

teilt. Er nimmt ihnen die Angst und Menschenfurcht. Weil Jesus auf sie zugeht, trauen sie sich, den ersten Schritt auf die Menschen hin zu tun.

*Vergeben*
Indem sie selber all das *tun* (hingehen, Frieden bringen, Liebe und Vergebung bringen), erleben sie, was sie *haben*. Erst im Geben erfahre ich, was ich habe; erst wenn ich mich gebe, erfahre ich, wer ich bin. ER vergibt mir, indem er mich mit meiner Schuld liebt; das macht mich fähig, den anderen in seiner Schuld nicht zu verurteilen, sondern anzunehmen und zu lieben. Vergebung muß menschlich erfahren werden, sonst wird sie nicht erfahren. Und so wie Gott „das Liebe“ in der Liebe ist, so ist er auch das „Vergebende“ in jeder Vergebung. Vergebung ist immer das Werk der Liebe, auch wenn es institutionalisierte Formen der Vergebung gibt. Gott vergibt im vergebenden Menschen. Die Institutionalisierung des vergebenden Menschen im Beichtpriester soll verhindern, daß das Wirken Gottes vom einzelnen Menschen und seinen Fähigkeiten abhängig wird.

*Gemeinde*
Gott will, daß es *mir* gut geht, aber dadurch sondert er mich nicht ab von der Gemeinde. Im Gegenteil – Gutgehen heißt: gemeindefähig, gemeindeaufbauend werden. Aus den „gutgehenden“ Menschen entsteht von selber die Gemeinde, die der einzelne mit seinem Charisma beschenken darf. Jeder darf seine „Fruchtbarkeit“ in der Gemeinde erleben. Die Gemeinde ist der Ort, an dem man aufeinander zugeht aus der „Gängigkeit“, die Jesus schenkt. Dieses Zusammenkommen ist aber auch der Ort, an dem man auf mich zukommt, wo ich in der Gemeinschaft Trost und An-regung, Ansprache und An(ge)hören empfange. Die Gemeinde ist Ort der Selbstverwirklichung durch Geben und durch Nehmen. Was in der Gemeinde an Kommunikation und Identifikation geschieht, ist letztlich nicht Werk des Menschen, sondern Gnade. So kann man mit Recht von der Gemeinde Christi reden, wenn wir auch unsere menschlichen Schwächen immer mit in Kauf nehmen müssen. Kommunikation und Identifikation, die Gemeinschaft und der einzelne, bedingen einander. Wenn es um *mich* geht, geht es immer auch um die Gemeinde, und wenn es um die Gemeinde geht, geht es immer auch um *mich*. Ich brauche zu meiner Selbständigkeit die Gemeinde, und die Gemeinde braucht meine Selbständigkeit. Jeder Mensch ist irgendwie „abhängig“, er muß wo

„dran" sein. Ob er aber „gut dran" ist, hängt auch davon ab, wo er dran ist. Gemeindeabhängig darf nicht mißverstanden werden als „gemeindehörig". Ein Gemeindeleiter, der die Mitglieder hörig machen will, stört oder zerstört den einzelnen wie auch die Gemeinde.
Der einzelne braucht die Gemeinde, um zu *feiern*. Man muß allerdings auch alleine feiern können! Aber dies ist immer ein Ersatz und Notbehelf, wenn ich aus irgendeinem Grund keine Gemeinde mehr habe. „Unsichtbar" ist immer eine Gemeinde da, auch wenn ich alleine feiern muß.
Wenn hier immer wieder von „Gemeinde" die Rede war, so ist Gemeinde zunächst allgemein verstanden: Wenn nur zwei oder drei „gut" beisamen sind, ist das schon Gemeinde! Wenn nun diese zwei oder drei ihr Zusammen-Sein vom Glauben her deuten, dann ist Christus in ihrer Mitte, dann ist Christus das Zusammenhaltende im Zusammenhalt (vgl. Mt 18,20). Wenn ich weiß, daß Christus das Einende in der Einheit ist, dann kann ich mich von vornherein in seinem Namen versammeln; in „seinem Namen", d.h. bittend und vertrauend, daß Er kommt und das Gelingen der Gemeinschaft und des gemeinschaftlichen Tuns und Feierns schenkt. Ob das nun zwei oder drei sind oder eine ganze Pfarrgemeinde ist oder sogar eine noch größere Einheit, ist letztlich in dieser Hinsicht gleichgültig. Die Klein- und Kleinstgemeinde braucht die nächst größere Gruppierung; aber das sind Fragen der Struktur und nicht des unmittelbaren Identitäts- und Kommunikationsvorganges.

*Einsam mit Gott*

Wenn ich auch die Gemeinde brauche und die Gemeinde mich braucht, so bin ich doch angewiesen auf eine eigene, ganz persönliche und selbständige Gottesbeziehung. Ich muß mit meinem Gott *allein sein* können. Ich muß mit meinem Gott das Alleinsein und Selbständigsein lernen, das notwendig ist für jede Gemeinschaft und überhaupt für die Bewältigung des Lebens. Wenn ich so abhängig bin von einem Menschen oder von einer Gemeinde, daß ich allein nicht mehr (oder noch nicht) leben kann, habe ich noch viel zu lernen. Total abhängig darf ich nur von Gott sein. In der Gemeinde soll ich ja nicht die totale Menschenabhängigkeit, sondern die Abhängigkeit von Gott lernen.
Gott macht mich gemeinschaftsfähig, er löst mich aber andererseits ab von aller Verfallenheit Menschen oder anderen Geschöpfen gegenüber. Der Weg zu Gott führt über die Gemeinde. In sei-

nem letzten Stück heißt dieser Weg Einsamkeit. Einsam sein heißt aber niemals verlassen sein; denn ich bin ja den Menschen gegenüber einsam, weil ich mit Gott ganz „ein(s)-sam“ bin, ganz eins. In Gott finde ich alles, was ich einmal sinnenhaft erleben durfte und was ich gegenwärtig vielleicht entbehren muß. In Gott ist alles Irdisch-Vergängliche konserviert in Ewigkeit. Den mit Gott Einsamen wird auch nichts mehr so erschüttern können, daß er verzweifeln muß.

VER-SORGT SEIN

Ohne Sorgen
wärst du nicht ver-sorgt;
das Leben ginge dich
nicht an.
Sorg dich nicht;
in deinen Sorgen wirst du versorgt
vom ewigen Leben.

# Sorget nicht!

## 1. Aktuelle Gedanken zu Mt 6,25-34 (Lk 12,22-32)

„Sorgt euch nicht um euer Leben!" In früheren Übersetzungen wurde es etwas eingeschränkt wiedergegeben: „Sorget nicht ängstlich!" Dies ist ein Wort der in jüngster Vergangenheit so viel zitierten Bergpredigt. Wie wirkt dieses Wort, hineingesprochen in unsere massiv aufgebrochenen Zukunfts- und Vernichtungsängste? Kann es überhaupt gelten für eine Lebenssituation wie die unsrige? Ist es eine Aufforderung zur Weltflucht und zur Flucht aus der Verantwortung für unser irdisches Leben? Oder kann dieses Wort auch in unseren Ängsten und Problemen hilfreich und wegweisend sein, Vertrauen bilden?

Dieses Wort der Bergpredigt erhält ein besonderes Gewicht durch die eindrucksvolle naturale Besinnung, mit der es versehen ist. Wir sind eingeladen, die „Vögel des Himmels" zu betrachten und von den „Lilien, die auf dem Feld wachsen", zu lernen. Wenn man Vögel und Lilien beobachtet und sie sich beseelt vorstellt, wird man gewiß nicht sagen können, daß sie nichts tun für ihr Leben. Sie tun das, was sie tun *müssen* für ihr Leben und für das Leben ihrer Nachkommen. Wenn ein Vogel sein Nest baut und dann seine Jungen füttert, tut er es genau, exakt, bis zur Erschöpfung seiner Kräfte. Die Lilie wächst, sie holt alles aus dem Boden und aus sich heraus, um ihr Leben und ihre Pracht zu entfalten und Frucht zu tragen. Aber nun kommt das Entscheidende dazu: Daß das sinnvoll ist, was sie tun, daß alles gelingt, das bewirken sie nicht selbst, das können und müssen sie nicht selbst bewirken, – das bewirkt „unser himmlischer Vater".

Wenn wir also von den Vögeln und von den Lilien lernen, dann dies: Wir müssen das Unsrige tun für unser Leben, genau, gewissenhaft, verantwortungsvoll. Ohne mich kann mein Leben nicht gelingen. Wo das Tier (und entsprechend die Pflanze) notwendig auf Trieb- und Triebhemmung reagiert, muß der Mensch notwendig mit Bewußtsein und in Freiheit, d.h. in Verantwortung, reagieren und agieren, damit sein Leben gelingt. Aber ich bekomme mein Leben dadurch nie in den Griff; es bleibt bei aller eigenen Anstrengung Tag für Tag neu das Geschenk meines himmlischen Vaters. Meine Leistung ist Voraussetzung und Bedingung, aber nicht Grund und Ursache meines Lebens. Bei aller Anstrengung

darf ich und muß ich die letzte Sorge und Besorgtheit aus der Hand geben; denn ich kann das nicht machen und be-sorgen, was mir der Schöpfer in jedem Augenblick nur schenken kann.
Angst entsteht dort, wo ich entweder das Besorgbare nicht besorge oder andererseits das Unbesorgbare besorgen will. Die Angst wird auch nicht behoben, wenn ich mich einfach resigniert und fatal der Unbesorgbarkeit ausliefere. Aus meiner Angst bin ich erst geborgen, wenn ich mich dem anvertraue, der mir das Unbesorgbare schenken kann und schenkt. Daß er mir das unbesorgbare Leben schenkt, ist so gewiß, wie es Vögel und Lilien gibt. Wenn aber der Mensch in seiner Habgier es so weit treibt, daß es keine Vögel und Lilien mehr gibt, vernichtet er seine eigene Hoffnung. Der „Lebensqualität" sind vom Leben selber (vom „himmlischen Vater") Grenzen gesetzt. Wenn ich meine Lebensqualität in meiner Maßlosigkeit willkürlich selbst bestimme, – wenn ich mir mein Leben selber nehme (heraus-nehme), verliere ich mein Leben; ich „nehme mir das Leben" im buchstäblichen Doppelsinn des Wortes.
Das Jesuswort: „Wer sein Leben retten will, wird es verlieren; wer aber sein Leben um meinetwillen und um des Evangeliums willen verliert, wird es retten" (Mk 8,35 und Parallelen), sollte man nicht nur jenseitig verstehen. Denn ich werde mein irdisches Leben und Lebensglück nur finden, wenn ich es an der richtigen Stelle loslasse und es ganz Christus bzw. meinem himmlischen Vater zur „Besorgung" anvertraue.
Ähnlich schließt die Vögel-Lilien-Besinnung mit der Formel für die „Entsorgung" meines Lebens: „Suchet zuerst das Reich Gottes und seine Gerechtigkeit, dann wird euch alles andere dazugegeben." Dies ist im Zusammenhang mit den Vögeln und Lilien nicht zu verstehen als Ermunterung zu träger Untätigkeit, sondern als die Voraussetzung, daß wir uns in richtiger Weise um unser Leben bemühen und daß wir bei unseren Anstrengungen Hoffnung auf Gelingen haben dürfen.

*Jetzt ist die Zeit des Heils*

Bemerkenswert ist schließlich noch das folgende Wort: „Sorgt auch also nicht um morgen; denn der morgige Tag wird für sich selber sorgen. Jeder Tag hat genug eigene Plage" (Mt 6,34). Es geht in den biblischen Lebensanweisungen weniger um die Bewältigung und Besorgung der Zukunft als vielmehr um die Bewältigung der Gegenwart, des Augenblicks. So ist auch die Vaterunser-Bitte zu verstehen: „Unser tägliches Brot gib uns *heute.*“ Laß mich *jetzt* leben, laß mich *jetzt* erfahren, daß du mich am Leben hältst, daß du für mich sorgst; dann brauche ich keine Sorge mehr zu haben für morgen. Wenn ich weiß, mein Leben liegt in deiner Hand, dann weiß ich auch, daß du morgen deine Hand nicht zurückziehst, und ich habe die Gewißheit, daß du mir in jedem Augenblick meines Lebens das geben wirst, was ich brauche.

In unserer konsumhaften „Kühlschrankmentalität“ wollen wir unsere Zukunft oft so absichern, daß sie in der Gegenwart geradezu aufgeht und gar nicht mehr auf uns „zukommen“ kann. In unserer Lebensangst und Lebensgier verbrauchen wir unsere Zukunft schon heute, so daß wir sie nicht mehr haben. Dies ist in psychologischer, biologischer und wirtschaftlicher Hinsicht zu bedenken. Wir laufen Gefahr, uns die Gegenwart durch die Zukunft und die Zukunft durch die Gegenwart zu nehmen. So ist das Wort „Sorge dich nicht um morgen“ gewiß keine Aufforderung zu verantwortungslosem Leichtsinn; im Gegenteil! Man könnte es vielleicht so interpretieren: Jedes Heute ist genug; laß das Morgen und das Morgige stehen; belaste und überlaste dich nicht mit dem, was eben noch nicht heute, sondern erst morgen seine Zeit hat; lebe so im Heute, daß es noch ein Morgen geben kann! Wenn ich den Augenblick lebe und das Heute ausschöpfe, brauche ich nicht das Morgen ins Heute hereinzuholen und dadurch beides, mein Heute und mein Morgen, zu zerstören. Wenn ich einmal sterbe und ich hätte mein letztes Heute vertan in der Sorge um das Morgen, das es für mich nicht mehr gibt, dann hätte ich die letzte Lebenschance verloren, nämlich *heute* zu leben.

*Glauben ohne Angst*

Es ist noch zu erwähnen, daß sich die gesamte Bergpredigt an Glaubende richtet. Die „Forderungen“ der Bergpredigt sind die Aus-Wirkungen der Jesusnachfolge. So ist auch das Wort „Sorget nicht“ an die Jesusjünger gerichtet. Erst die Jesusbeziehung befreit mich vom Sorge-Zwang. Ohne Glauben ist mein Leben ungeborgen. In der Ungeborgenheit entsteht die Angst, und die Angst enthält die Impulse zum Sorgen und Besorgen. Gewiß gibt es auch die „gesunden“ Ängste, aus denen die notwendigen Impulse zur Lebensbewältigung kommen. So kann man auch heute von einer „gesunden“ und notwendigen Zukunftsangst sprechen. Aber hier geht es um die Existenzangst, die zu Panik, Haß und gegenseitiger Vernichtung führt. Die Gelassenheit, die

wir brauchen, um unsere gegenwärtigen Aufgaben in der Welt erfolgreich zu lösen, stammt nicht aus dem Vertrauen auf die menschliche Vernunft, sondern aus der Geborgenheit durch den Glauben in der praktizierten Jesusjüngerschaft.
Freilich muß der Jesusjünger von sich aus bereit sein zu dem, wozu ihn Jesus befähigt, und er kann und muß mit den eigenen Kräften das unterstützen, was Gott in ihm wirkt.

## 2. Aufgaben für den Religionsunterricht und die heutige Glaubensverkündigung

*Sorgen hat Grenzen*
Ich muß heute mir und anderen immer wieder bewußtmachen, daß meine tiefsten Ängste nicht durch Sorgen und Besorgen behoben werden, sondern durch Vertrauen: Vertrauen ins Leben, Vertrauen auf den himmlischen Vater, meinen Schöpfer. Ich muß Gott den Bereich lassen, in dem er für mich sorgen kann. Dies schließt freilich das Risiko des Glaubens mit ein und den Verzicht auf die letzte Einsicht in die Pläne Gottes. Das Wort „Sorget nicht" kann man in diesem Sinn verstehen: „Sorge nicht für alles, damit ich auch noch für dich sorgen kann!" Die totale Selbstversorgung des Menschen entspricht der Ursünde: sich selber Gott sein wollen.

*Man darf nicht alles tun, was man kann und was bisher nicht verboten ist*
Dies ist eine erste praktische Konsequenz. Durch die Wissenschaft und die sich daraus ergebenden technischen Möglichkeiten ist der Mensch heute in der Lage, Gott Dinge aus der Hand zu nehmen und Bereiche der Natur in den Griff zu bekommen, die sich früher dem menschlichen Zugriff schlechterdings entzogen. Die Beispiele in den Bereichen Gentechnik, Medizin und Energiegewinnung sind allgemein bekannt. Der springende Punkt ist nun: Woher ist das Nicht-mehr-Dürfen motiviert, und wonach bemißt es sich? Warum soll ich in meinem Leben etwas „Gott" überlassen, das ich selber regeln und besorgen könnte im Sinn meiner wohlüberlegten Interessen? Es muß uns bewußtwerden, daß ich durch die heutigen technischen Möglichkeiten mich und die Welt Gott entziehen kann in einem noch nie da gewesenen

Ausmaß. Wie im Paradies respektiert Gott auch heute meine Freiheit. Er läßt und überläßt mich mir, – wenn ich das will; er läßt und überläßt mir seine Welt, auch wenn ich sie zerstöre. Er wird mich und meine Welt aber auch „richten“, „recht machen“, weil seine Liebe keine Grenzen hat, weil er bedingungslos zu seinen Geschöpfen steht. Diese Liebe schließt eine evtl. Vernichtung, die durch den Menschen kommt, nicht aus, sondern mit ein.

Für den Glaubenden ergibt sich heute eine doppelte Einsicht: Ungeachtet aller allgemein evidenten und von den meisten akzeptierten Argumente kann der Mensch schließlich nur in einer ganz persönlichen Bindung an Gott die Grenzen des Erlaubten erkennen und anerkennen; die Nichtwahrnehmung dieser Grenzen bedeutet Untergang.

*Die Welt gehört nicht dir*

Eine weitere praktische Konsequenz aus dem „Sorget nicht“ ist ein neues, den Ursprüngen entsprechendes Verhältnis zur Natur und zur Schöpfung. Wir haben „Rechte“ in der Welt, aber kein Recht auf die Welt; die Welt gehört Gott. Um weiter existieren zu können, muß ich das Lebensgefühl entwickeln, daß ich als Geschöpf unter Mitgeschöpfen lebe, die ihr Daseinsrecht nicht von mir, sondern von meinem Schöpfer empfangen haben. Der Mensch ist nicht der „Gott der Welt“; er soll durch seine Begabung der Stellvertreter Gottes in der Welt sein. Ich *darf* in Gottes Welt leben, „als Garten“ hat er sie mir anvertraut. Alles ist Geschenk; ich habe letztlich auf gar nichts einen Anspruch. Die Rettung unserer Welt und unseres Lebens verlangt eine neue franziskanische Weltzuwendung. Diese Zuwendung kann nicht erzwungen werden durch Angst und Drohung, sie ist Frucht des Glaubens. Wohl aber müssen unsere gegenwärtigen bedrohlichen Ängste Anlaß sein, uns auf unsere Ursprünge zu besinnen und zu versuchen, ein neues Lebensgefühl mit Anspruchslosigkeit und Dankbarkeit zu entwickeln. Das Ziel ist ein seinsgerechtes, schöpfungsgerechtes Verhalten. Durch eine zu entwickelnde Sensibilität für die Schöpfung kann ich dann erkennen, was ich tun darf und muß, bzw. was ich nicht tun darf. Der Glaubende weiß aber auch: Wenn der (vom Propheten gewarnte) Mensch in der Sünde verharrt und das Unheil eintritt, wird auch eine untergehende Welt den Händen Gottes nicht entgleiten: „Gott wird kommen“ und „richten“, „retten“, „befreien“! – Unsere heutige Heilshoffnung kann freilich nur mehr tragen, wenn sie über den irdischhistorischen Raum hinausgreift.

*Gott will selbst helfen*
Gläubige Christen zweifeln kaum an der Hilfsbereitschaft Gottes. Das Problem beginnt bei den Fragen, wie Gott hilft und wie ich zu seiner Hilfe komme. Wohl aus Mangel an Vertrauen und aus mangelnder Bereitwilligkeit, sich Gott ganz konkret (durch Fasten, Feiern und Beten) auszusetzen, wird die Hilfsbereitschaft Gottes durch Verkürzung und Reduzierung auf den Menschen mißverstanden. „Gott will (selbst) den Menschen helfen" wird umgewandelt in: „Gott will, was dem Menschen hilft." In dieser Umwandlung liegt der Keim zu allen heiligen Kriegen und Kreuzzügen. Denn wer bestimmt das, was dem Menschen hilft? Was hilft dem Menschen wirklich? Hier mischt sich unversehens der Mensch ein und schreibt Gott vor, wie er helfen muß, wenn er ein hilfreicher Gott bleiben will. (Dies ist die alte Sünde gegen das zweite Gebot!)
Wenn ich überzeugt bin von der Richtigkeit meiner Argumente und von meiner Meinung, nehme ich mir das Recht, „Gott will es" voranzustellen, und nun kann ich „im Namen Gottes" gegen alle, die anderer Meinung sind, vorgehen! – Alle Kriege und Bürgerkriege sind letztlich „religiöse" Kriege, die aus der Konkurrenz von Wertvorstellungen und den damit verbundenen Ansprüchen entstehen. Wenn ich in meiner Existenz, Identität und in meiner Wertvorstellung in Frage gestellt werde durch einen anderen, reagiere ich notwendig mit Angst und Aggression. Verhindert werden können Konflikte durch Konsens. Jede Gruppe, jede Kirche, kann nur einig sein, wenn Konsens in den wesentlichen Glaubensinhalten besteht.

*Gemeinsames Vertrauen*
Was geschieht nun, wenn man sich nicht einigen kann in dem, was den Menschen in ihrer gegenwärtigen Krisenlage hilft? Wenn beispielsweise die eine Gruppe für den sofortigen Ausstieg aus der Atomenergie plädiert und argumentiert, die andere für einen langsamen? Dabei sind die Vertreter jeder Gruppe der „ehrlichen" Überzeugung, daß sie die richtigen Einsichten und Argumente haben, während die anderen vieles übersehen! Handelte es sich um Belanglosigkeiten, die meine Existenz und meine Identität nicht wesentlich berühren, so wäre eine Meinungsverschiedenheit nicht tragisch und könnte toleriert werden. Wenn aber die Meinung des anderen und sein entsprechendes Handeln für mich Untergang, Verlust der Zukunft, ja Zerstörung der Welt bedeuten, dann fühle ich mich bedroht, und es entstehen Angst,

Haß und Aggression. Was kann nun die vernichtende Auseinandersetzung verhindern?
Es gibt heute viele Menschen, die einfach „aussteigen", die ihr Leben leben, auch im religiösen Bereich, und sich weiter nicht mehr sorgen und kümmern um die Welt, um die Menschen und ihr Schicksal. Es wäre wohl ein gewaltiges Mißverständnis Jesu, wollte man sein Wort „Sorget nicht!" als Aufforderung zum Aussteigen erachten. Denn gerade er ist „*ein*gestiegen" in die Tragik unseres Menschseins.
Aber wie kann ich Haß und Krieg vermeiden, wenn ich einsteige in die gegenwärtigen Menschheitskrisen und zusehen muß, wie andere meines Erachtens falsch argumentieren und falsch handeln? Wie kann ich sie tolerieren und ihnen auch gute Absichten zubilligen, auch wenn sie andere Maßstäbe anlegen und wir uns über objektive Maßstäbe und Prioritäten nicht einigen können?

Der Friede kann nur erhalten bleiben, wenn ein gemeinsames Vertrauen in die Zukunft die Menschen verbindet. Das heißt: Wer mit seiner Meinung und mit seinen (vielleicht aus panischer Angst geborenen) Argumenten nicht zum Zug kommt und sich nicht durchsetzen kann, braucht das Vertrauen, daß es trotzdem gut gehen kann, und die Hoffnung, daß es eine letztlich vernichtende Katastrophe nicht gibt. Der Glaubende traut Gott und seiner Verheißung: „Ich schaffe einen neuen Himmel und eine neue Erde." Gott wird auch eine eventuell durch den Menschen zerstörte Schöpfung „richten", d.h. „recht machen" und in eine Neuschöpfung verwandeln. Nur in diesem Vertrauen und in dieser Hoffnung kann der Mensch seine Argumente relativieren und seine Vernichtungsängste abbauen. Dieses Vertrauen und dieser grundsätzliche Optimismus kommen nur aus dem Glauben, daß Gott mein Leben und unsere Welt – gleichgültig, wie es kommt – in seinen Händen hält.
Es wird in Gegenwart und Zukunft wohl immer zur Panik prädestinierte Gruppen geben, weil heute vom Handeln der Menschen die Existenz der ganzen Menschheit und der Erde abhängt. „Wir dürfen keinen Fehler mehr machen" (Olaf Palme). Bei den widerstreitenden Meinungen geht es heute nicht mehr nur um „etwas", sondern ums Ganze.

*Sorget – ohne Angst*
Es muß uns Christen gelingen, eine doppelte Wahrheit in uns zu vereinen und in uns zur Wirkung zu bringen:

Die Zukunft, mein Leben, das Schicksal der Welt, liegen ganz in unserer Hand. Gleichzeitig liegt alles ganz in Gottes Hand.
Eine Verkürzung nach der einen oder anderen Seite hin führt mit allergrößter Wahrscheinlichkeit zur Katastrophe:
Wenn alles nur in meiner Hand liegt, führt das zu Angst, Haß und Krieg; wenn alles nur „in Gottes Hand" liegt, führt das zu verantwortungsloser Untätigkeit, die die Welt den bösen Mächten ausliefert.
Sich so zu engagieren, als ob alles von mir abhinge, und dabei darauf zu vertrauen, daß Gott letztlich immer alles in seiner Hand hält, das ist die Einstellung, die bei aller Auseinandersetzung am meisten Frieden und Zukunft verspricht. Wollte ich mich von der Weltverantwortung mit noch so frommer Begründung fortstehlen, würde mein irdisch-körperliches Dasein sinnlos. Denn was hat mein irdisches Dasein für einen Sinn, wenn es nur Wartezeit ist und nicht eine wesentliche Phase meiner Selbstverwirklichung und meines „ewigen" Lebens,
Die frühere Übersetzung „Sorget nicht ängstlich" erscheint schließlich als Synthese der Gegensätze „Sorget! – Sorget nicht!" Sorget, aber sorget ohne Angst!
Dies entspricht auch dem griechischen Wort der Bibel „merimnan" = sorgen, „das Herz in Beschlag nehmen lassen". – Sorge für die Welt und besorge das, was zu besorgen ist, aber verliere dein Herz nicht an sie; es gehört nur Gott.

WER BIN ICH?

Was in dir steckt,
wird offenbar,
wenn du dich „auslebst".
Du brauchst deine Augen
nicht vor dir zu verschließen;
denn längst bist du schon gesehen worden
vom Blick der ewigen Liebe.

# Selber leben – recht leben

*„Ich bin gekommen,*
*damit sie das Leben haben*
*und es in Fülle haben.“* (Joh 10,10)

In diesem Kapitel geht es besonders um die Zusammenschau und Gleichzeitigkeit verschiedener Momente, die für ein geglücktes Leben wichtig sind. Alle Lebenswirklichkeiten sind paradox, d.h., sie liegen in einem Spannungsfeld von Gegensätzen. Ebenso sind auch alle echten Symbole ambivalent, d.h., sie bezeichnen gegensätzliche Wirklichkeiten. Wasser und Feuer können Leben, Kraft, Reinigung bedeuten, aber ebenso auch Untergang, Vernichtung, Katastrophe. Die folgenden Gedanken werden gegliedert und zusammengefaßt mit dem Symbol eines „Männleins“. Dadurch sollen der Durchblick und die Zusammenschau erleichtert werden.

## 1. Trau dich zu leben

Dieses Männlein soll einen Menschen symbolisieren, der sich als das Nächstliegende im Dasein vorfindet. Was ich habe, bin zunächst ich selber, mit meinem Körper, mit meinen Sinnen und mit meinen Fähigkeiten. „Ich habe mich“ – als Gabe und als Aufgabe. Zwischen dem „Ich habe mich“ und „Ich bin ich“ ist ein weiter Weg zurückzulegen. Ich kann das Ziel wohl nie ganz erreichen, aber es ist entscheidend, daß ich unterwegs zu mir und zu Gott bin. Ich muß „aus mir herausgehen“, ich muß „vorkommen“! Es nützt nichts, wenn ich irgend etwas tue, nur um irgendwelche Bedürfnisse zu befriedigen, sofern *ich* dabei nicht vorkomme und „in Erscheinung“ trete. So ist das Männlein zunächst Symbol für das Sich-selber-Aufmachen. Andererseits besteht aber auch die Gefahr, daß ich in mir und in mich verschlossen bleibe und mich zum Maß aller Dinge mache. Als Egoist würde ich verwahrlosen und ginge dem Leben und mir selbst verloren.

## Lebe dein Leben!

Lebe dein Leben selber! Laß dich nicht von anderen leben! Laß dich nicht von den Kräften in dir „verleben“, die du nicht willst.

> *DAS GLEICHNIS VOM VERLORENEN SOHN*
> *Weiter sagte Jesus: Ein Mann hatte zwei Söhne. Der jüngere von ihnen sagte zu seinem Vater: Vater, gib mir das Erbteil, das mir zusteht. Da teilte der Vater das Vermögen auf. Nach wenigen Tagen packte der jüngere Sohn alles zusammen und zog in ein fernes Land. Dort führte er ein zügelloses Leben und verschleuderte sein Vermögen. Als er alles durchgebracht hatte, kam eine große Hungersnot über das Land, und es ging ihm sehr schlecht. Da ging er zu einem Bürger des Landes und drängte sich ihm auf; der schickte ihn aufs Feld zum Schweinehüten. Er hätte gern seinen Hunger mit den Futterschoten gestillt, die die Schweine fraßen; aber niemand gab ihm davon. Da ging er in sich.* (Lk 15,11–17a)

Der erste Teil der Geschichte vom verlorenen Sohn ist gewiß die Geschichte eines Menschen, der sich und seinen Besitz verantwortungslos vertut. Aber auch die Geschichte eines Menschen, der es wagt, *selber* zu leben.
Gott hat den Menschen gemacht, und – menschlich gesprochen – hofft er nur, daß sich der Mensch darüber freut. Gott hat mir die Freude nicht wie ein Goldstück mitgegeben. Er hat mir die Fähigkeit zur Freude gegeben. Er hat gemacht, daß *„ich mich“* freuen kann (freilich nicht ohne ihn!). Er will und liebt mein Ich. Mein Ich kann ich – wie bereits dargelegt – nur als ein „Ich-Mich“ oder „Ich-Mir“ erleben. Damit ich mich aber freuen kann, muß ich mich selbst kennenlernen. Damit ich mich „meines Lebens“ freuen kann, muß ich mein Leben erfahren.
Damit ich mein Auto kennenlerne, muß mit ihm fahren. Wenn ich leben will, muß ich ganz einfach „leben“! Dieser Satz klingt sehr simpel, aber er kann viel zu denken geben. Viele Menschen wollen nur mehr konsumieren und nicht mehr leben. Damit ich lebe, muß ich selber leben.
Auch Gott kann mir das nicht abnehmen. Er will in mir leben, will mein Leben sein, aber nicht ohne mich. Er will in mir nicht sein und wirken, wie er in einer Blume oder in einem Tier wirkt. Er will mein Liebhaber sein. Er will, daß ich die Liebe im Geliebtsein und im Lieben spüre. Deshalb muß ich selber leben. Nun ist das

wieder ein Teufelskreis: Ich kann nicht selber leben, weil ich kein oder zu wenig Geliebtsein spüre; weil ich nicht selber lebe, spüre ich aber keine Liebe. Mit einem Auto verglichen, könnte man sagen: der „springende Punkt“ liegt beim „Anlasser“. Es gibt viele Anlassermöglichkeiten (im Leben sind es die „besonderen Anlässe!“), aber irgendwann muß der Motor selber anspringen.
Ich bin mit meinem Leben nicht in eine teilnahmslose Welt hineingestellt; dauernd „geht mich was an“, „macht mich was an“ oder „kommt etwas auf mich zu“. Dauernd wird „etwas mit mir gemacht“. In all dem, was mit mir geschieht, wirken die Impulse des Lebens, die mich – wie ein Auto mit leerer Batterie – anschieben, damit ich irgendwann in Gang komme und „spontan“, d.h. von mir selber aus, lebe. In früherer Zeit wurde in der Erziehung und bei der Wertung von Menschen zu einseitig darauf gesehen, ob einer alles „richtig macht“, und zu wenig darauf, ob einer genügend selber lebt. Viele Menschen „kommen nicht an“, z.B. in der Predigt, beim Feiern oder beim Unterricht, weil sie zwar viel tun, aber dabei selber nicht oder zu wenig vor-kommen. Ihr Tun bleibt „unpersönlich“ (vgl. personare = durchtönen).
Wenn ich etwas sage, steht noch lange nicht fest, ob *ich* „zu Wort“ komme und ob *ich mich* „zur Sprache“ bringe. Wenn *ich* nicht in meinem Wort und in meinem Tun bin, dann kann auch Gott in meiner Predigt (und in meinem Feiern) nicht zu Wort kommen. Gott wirkt durch Menschen und im Menschen. Aber er kann mein ganzes Menschsein und alle meine Fähigkeiten nicht brauchen, wenn mein Ich-Selbst fehlt.
Ich kann nur zu mir selber kommen, wenn ich mich auf mich selber einlasse. Das geschieht praktisch nur dadurch, daß ich mich auf irgend etwas einlasse. Worauf ich mich einlasse, ist letztlich gleichgültig; wichtig ist, daß ich mich einlasse und mich möglichst vorbehaltlos einlasse. Fehler zu machen, ist nicht schlimm! Aber es ist schlimm, nicht selber zu leben. Die Geschichte vom verlorenen Sohn zeigt, wie weit *recht* leben und *richtig* leben voneinan der entfernt sein können. Bei allem Unrichtigen in meinem Leben sorgt das Leben für Korrektur; immer wieder werde ich mich ändern und umstellen müssen. Das ist mein *Weg*! Von außen betrachtet ist der Lebensweg eines Menschen nie „gerade“. Er ist ein Labyrinth. Wenn *ich* nur diesen Weg, meinen Weg, gegangen bin, dann ist er, vom Ziel her betrachtet, der „rechte“ Weg. „Du machst gerade meine Pfade.“
Gewiß muß man nicht alles falsch machen, wenn man selber leben und den rechten Weg gehen will. Aber wenn ich nur alles

richtig mache, ist noch lange nicht gesagt, ob ich selbst hinter mir stehe oder ob nur das Gesetz oder jemand anderer, vor dem ich Angst habe, hinter mir stehen. Ähnlich wie beim Besessenen von Gerasa nimmt Jesus beim verlorenen Sohn das Unmoralische in Kauf, damit dieser zu sich selber findet. Das Fortgehen, Selber-Leben und schließlich das Scheitern führten zu der Erfahrung: das bin *ich*. Jetzt kann *er in sich* gehen, umkehren und heimkehren. Die Geschichte zeigt nicht mehr, ob der daheimgebliebene Sohn, der alles richtig gemacht hat, „in sich" gehen konnte. Er wird uns vielmehr als der gezeigt, der „außer sich" gerät angesichts des Festes für seinen Bruder. Diese Auflehnung könnte der Anfang eines Bekehrungsprozesses sein, – wir wissen es nicht. Die Geschichte bricht hier ab und wird zur Impulsgeschichte, die zum Nachdenken und Weiterdenken anregt.

## Trau dich zu entscheiden

Wenn ich ich werden will, muß ich mein Leben selber leben. Ich muß mich auf etwas einlassen. Diese Lebensvollzüge sind mit Entscheidungen verbunden, die immer wieder neu eingeholt werden müssen. *Ich* muß *mich* entscheiden. Ich muß mich immer wieder entscheiden für mich selber, damit ich tue, was *ich* will, nicht das, was die anderen wollen. Wenn ich mich dem Willen anderer beuge, muß das mein Wille sein. Ich darf nicht aus Angst oder Bequemlichkeit fremdem Willen zum Opfer fallen. – Ich muß mich immer wieder entscheiden für das, worauf ich mich eingelassen habe, damit es das Meine bleibt und immer mehr das Meine wird.

Meine Selbstfindung und meine Selbsterfahrung hängen wesentlich davon ab, ob ich versuche, möglichst immer „das Meine" zu tun. Was ist jeweils das Meine? Bei den kleinen Alltäglichkeiten kann ich aus den Situationen ablesen, was mir zukommt an Aufgaben und Zuwendungen. Dann gibt es die Regeln und Regelungen, die bestimmen, was das Meine im Einzelfall ist. Bei den großen Lebenswirklichkeiten wie Beruf und bei den Lebensformen Ehe und Ehelosigkeit ist das Meine nicht mehr vorgegeben. Hier muß ich das Meine wählen und mich dafür entscheiden. Gerade bei den großen Entscheidungen des Lebens (Beruf, Ehe, Ehelosigkeit, Lebensgefährte) hängt das Glück davon ab, *daß* ich mich entscheide und daß *ich* mich entscheide. Was das Meine sein könnte, wird mir angezeigt durch meine Neigung. Dabei muß ich

mich prüfen, wie weit Bequemlichkeit, Konsumbedürfnis und Habsucht bei meinen Neigungen eine Rolle spielen. Die Neigung zeigt mir aber bestenfalls nur an, was das Meine sein könnte. Wirklich das Meine kann etwas erst durch meine Entscheidung werden. Einerseits ist das Meine etwas Vorgegebenes. Andererseits wird das Meine erst durch meine Entscheidung bestimmt. Ich kann nicht alles, was ich will, durch meine Entscheidung zum Meinigen machen; es gibt objektive Vorgegebenheiten, die ich nicht bestimmen kann. Hierin liegt die Schwierigkeit bei den großen Lebensentscheidungen: die Irrtumsmöglichkeit. Ich muß mich entscheiden, bevor ich mich kenne, weil ich mich ja entscheide, damit ich mich kennenlerne! Ich kann nur vertrauen, daß meine Entscheidung richtig ist. Wer weiß denn schon, ob es richtig ist und ob es das Meine wird im Augenblick der Entscheidung für einen Beruf, für einen Menschen, für die Ehe oder die Ehelosigkeit! – Ob es richtig ist, Kinder zu haben in heutiger Zeit!
Es gehört wesentlich zur Entscheidung, daß sie ein Risiko in sich birgt. Der eine Teil dieses Risikos besteht darin, daß ich das Neue, wofür ich mich entscheide, noch nicht habe und daß ich keine Garantie habe, ob es das Meine wird. Der andere Teil des Risikos liegt darin, daß ich etwas aus der Hand gebe, daß ich auf etwas bisher Gehabtes verzichte, das ich nicht mehr zurückholen kann. Auch wenn ich eine Entscheidung zurücknehme, bleibt nicht alles beim alten, denn ich kehre ja neu zum alten zurück, und das ist etwas anderes, als wenn ich beim alten geblieben wäre!
Wenn ich mich für etwas entscheide, entscheide ich mich auch für alles, was dazugehört. Alles hat seine Form, die ich bis zu einem gewissen Grad mitbestimmen kann, die ich aber in ihrem wesentlichen Bestand akzeptieren muß. Dadurch wird das Risiko einer Entscheidung erhöht.

*Liebe und Recht*

Wenn ich mich z.B. für die Ehe oder für die Ehelosigkeit entscheide, dann sind das bestimmte Lebensformen mit ihren je eigenen Lebensmöglichkeiten, die ich mitakzeptieren muß, wenn die Lebensform nicht sinnlos werden soll. Mit der Lebensform sind auch bestimmte Erwartungen, Rechte und Anrechte gegeben, wobei das Pochen auf diese Rechte genau das zerstört, was diese Rechte schützen soll: die Liebe. Wieder ein Paradox des Lebens: Ich habe ein Recht auf Liebe, aber sobald ich dieses Recht beanspruche, habe ich keine Liebe mehr; ich kann höchstens noch „Dienst nach Vorschrift" erwarten. Und dieser Dienst ist in

einer personalen Beziehung unerträglich sowohl für den, der ihn leistet, wie auch für den, der ihn empfängt. Die Rechte in einer Ehe vermehren das Risiko der Entscheidung, auch wenn es zunächst den Anschein hat, daß sie es vermindern.
Gerade im Bereich von Ehe und Partnerschaft suchen heute viele Menschen Wege und Möglichkeiten, die das Risiko der Entscheidung entlasten: Ehe ohne Trauschein, ein Zusammenleben ohne Verbindlichkeit. Ähnliches erleben auch Klostergemeinschaften, daß nämlich Menschen mitleben wollen, ohne sich an die Gemeinschaft zu binden. Die Wirklichkeit des Lebens läßt solche selbstgemachten Risikobefreiungen nicht zu. Denn wo echte Beziehungen entstehen, entstehen Bindungen und Formen. Wer Bindungen und Formen verhindert, d.h., wer das Risiko der Entscheidung vermeiden möchte, macht Beziehung unmöglich. Durch Vermeidung von Risiko behindere oder verhindere ich meine Selbstfindung und Selbsterfahrung. Im Bereich der Partnerbeziehung zeigt sich dieses Paradox besonders deutlich: Um frei zu bleiben, lebt man ohne Ehevertrag zusammen. Wenn nun das Zusammenleben glückt, entsteht ganz von selbst so etwas wie eine Ehe. Und wenn heute öffentlich „mehr Rechte für wilde Ehen“ gefordert werden, dann zeigt sich hier das Verlangen nach Legalisierung der Beziehung. So entsteht neben dem Eherecht ein Recht für wilde Ehen. Bleibt nur die Frage, ob man nicht lieber gleich von einem neuen Eherecht sprechen sollte, das aus neuen Partnererfahrungen gewonnen ist.
In unserer Zeit wird das Risiko der Entscheidung noch weiter erschwert durch die gesellschaftliche Situation. Es fehlt der gesellschaftliche Druck, der früher von außen her Lebensformen wie Ehe und Ehelosigkeit gestützt hat. Heute kann (muß und darf) jeder noch mehr selber, ganz von sich aus und von innen her sein Leben leben. Dies bedeutet gewiß mehr Freiheit, aber auch mehr Risiko. Die Menschen werden immer mehr, die sich nicht so viel Freiheit wünschen, weil sie damit überfordert sind. Ferner dauert heute durchschnittlich das Menschenleben länger als früher. Die Ehen dauern länger! Was zehn Jahre gut geht, muß nicht deshalb schon zwanzig und dreißig Jahre gut gehen. Wer kann mir sagen, daß es nicht „das Meine“ ist, in verschiedenen Lebensphasen auch verschiedene Lebensformen zu leben? Warum sollten nicht mehrere Ehen nacheinander (ohne daß der frühere Partner stirbt) oder auch nebeneinander „das Meine“ sein?
Was spricht dafür, eine Entscheidung zu fällen, die mein ganzes Leben, meine gesamte Lebenszeit betrifft? Man kann dazu nur

sagen: Ich muß ganz „ich" werden; ich kann nicht teilweise ich werden. Das Leben kann mir nur alles geben, wenn ich alles einsetze. Meine Vorbehalte verhindern, daß ich ganz ins Leben komme und daß das Leben mich ganz erfüllt. Ich muß mich irgendwann *ganz* entscheiden, damit die Fülle des Lebens möglich wird. Freilich wird das Leben durch seine Unvollkommenheit immer ein Kompromiß. Mit diesem Kompromiß und mit der letztlich unerreichbaren Lebensfülle muß ich rechnen, aber ich darf den Kompromiß nicht einbauen in meine Entscheidung. Eine halbe Entscheidung ist eben keine Entscheidung. Entscheidungen müssen reifen, und man muß an Entscheidungen festhalten, damit sie gelten, aber man kann sie nicht teilweise, für einen Ichteil, fällen. Man kann das Ich ebensowenig teilen, wie man einen aufgeblasenen Luftballon teilen kann.
Ist das der einzige Grund, der mich bewegen könnte, mich zu entscheiden, daß ich einsehe, ohne Entscheidung komme ich nicht zu mir selbst? Sollte ich da nicht gleich auf mich und auf alle Selbsterfahrung verzichten?

## Dem Leben trauen

Das ist die Antwort. Ich darf vertrauen, daß das Leben stimmt, auch wenn es nie an sich zum Vorschein kommt, sondern nur in der Wirkung. Das Leben läßt es letztlich nie zu, daß ich etwas „falsch" mache. Dabei werden meine „falschen" Entscheidungen und alle meine „Falschheiten" nicht vermieden! Sie werden im Gegenteil zum Weg, der mich zum wahren Leben führt. Wenn ich mich z.B. für die Ehe oder Ehelosigkeit „nach bestem Wissen und Gewissen" entschieden habe, und es war objektiv nicht das Meine, wofür ich mich entschieden habe, dann stellt sich dies durch die Kraft des Lebens heraus. Meine falsche Entscheidung war der Weg zu der neuen Einsicht. Hätte ich die Entscheidung vermieden aus Angst, daß sie falsch sein könnte, dann wäre ich nicht zu dieser Einsicht gekommen. Die neue Einsicht gibt mir die Kraft zu einer neuen Entscheidung, zu der ich auch dann stehen kann, wenn ich von anderen Menschen und von der Institution keine Bestätigung und Anerkennung bekommen kann. Durch die „falsche" Entscheidung und durch die Kraft des Lebens bin ich vielleicht mehr ich geworden, als ich es durch eine „richtige", lebenskonforme Entscheidung geworden wäre. Voraussetzung ist freilich, daß ich auch die eventuell falsche Entscheidung ganz und

nicht halbherzig treffe. Je entschiedener ich bin, desto klarer und sicherer tritt meine Wahrheit zutage. Eine Voraussetzung und Bedingung für das Zutagetreten der Wahrheit ist bis jetzt noch nicht genannt: meine Bereitschaft, mich zu ändern.
Kein Mensch hält es aus, bewußt falsch zu leben. Ohne subjektives Gefühl und ohne subjektives Bewußtsein, daß ich richtig lebe, kann ich mich nicht wohlfühlen. Diesen subjektiven Unstimmigkeiten entspricht ja auch die Kraft, daß ich mich und meine Verhältnisse ändere. Wenn ich mich aber nicht ändern will!? Wenn ich mich nicht ändern will, muß ich mein Bewußtsein und meine Erfahrungen verdrängen. Wenn ich mein Leben nicht leben will, weil ich es so bequemer habe, werde ich mich selber immer noch mehr verlieren. Ich bin nicht auf der Welt, um dieses oder jenes Leben zu leben, sondern um *das* Leben zu leben. Und ich kann *das* Leben nur leben, wenn ich es als *mein* Leben lebe. Wenn ich mir schließlich bewußtmache, daß *das* Leben, oder genauer: „das Lebendige" am Leben, Gott ist, dann erscheint das Vertrauen ins Leben als eine konkrete Verwirklichung des Gottvertrauens.

## Du bist nicht das Maß aller Dinge

Betrachten wir nun das Männlein-Symbol in seiner negativen Bedeutung: der Mensch, der sich selbst zum Maß aller Dinge macht, der sich selbst als seinen Ursprung versteht, der sich selbst die Mitte ist: der Egoist (vgl. S. 89).
Wir alle tragen den Egoisten in uns, das ist unser Erbe. Wir sind anfällig für alle Arten von Selbstvergötzung und Selbsterlösung. Ich will nicht angewiesen sein auf „Gnade" in meiner Selbstfindung und Selbsterfahrung. Wer unterliegt nicht der Faszination von Macht, Einfluß, Leistung und Erfolg!? Es klingt schmeichelhaft, wenn jemand sagt: „Ohne dich kann ich nicht mehr leben." Da fühle ich mich als der Gott des anderen und damit überhaupt als Gott. Ich versuche, möglichst viele möglichst lange in Abhängigkeit zu halten, weil ich ihre Abhängigkeit genieße wegen der göttlichen Gefühle, die mir daraus zukommen. Man kann geradezu süchtig werden nach diesen selbstvergötzenden Selbstwertgefühlen. Alles ist auf mich ausgerichtet, und ich richte alles so ein, daß alles auf mich ausgerichtet ist. Oft helfe ich anderen, aber will ich *ihnen* wirklich helfen? Suche ich nicht ihre Abhängigkeit? Wenn ein Mensch, den ich lange betreut habe, mich schließlich

nicht mehr braucht, – wie wirkt das auf mich? Oft nennen wir einen Menschen undankbar; in Wirklichkeit ist er nur selbständig geworden. Ich bilde mir ein, daß man alles machen kann und daß ich das machen kann, was ich tue: *Ich* helfe! Und wenn dem anderen geholfen ist, glaube ich, *ich* habe geholfen. Wenn ich dann einmal nicht helfen kann, suche ich alle möglichen Gründe für den Mißerfolg, nur damit ich nicht vor mir selber vom Thron stürze. Kann *ich* überhaupt helfen? Kann *ich* überhaupt etwas tun? Diese Frage ist eine Glaubensfrage, deren Antwort meine Einstellung und meine ganze Lebensführung bestimmt. Bin ich es oder wer sonst? Er, „der alles in allem bewirkt“ (1 Kor 12,6) und „ohne den wir nichts tun“ (Joh 15,5). Ich bin's und doch nicht ich!

Um beim Beispiel des Helfens zu bleiben: Natürlich freue ich mich, wenn mir ein Mensch bestätigt, daß er mich braucht und daß ich ihm geholfen habe. Aber nun ist es nicht gleichgültig, wie ich mit dem Lob und mit dieser Anerkennung umgehe. Ich kann die Hilfe als meine Leistung ansehen und mir etwas einbilden. Als glaubender Mensch hingegen erkenne ich Gott als den eigentlichen Helfer und mich als Werkzeug. Die Selbstbestätigung liegt beim Glaubenden nicht in der Bestätigung der eigenen Leistung, sondern in der Bestätigung, daß Gott mich braucht. Die hilfsbedürftigen Menschen brauchen eigentlich nicht mich, sondern Gott. Und Gott braucht mich für die Menschen. Ich darf dabei sein und mittendrin sein, wenn Gott wirkt.

Wenn ich nun diese Zusammenhänge im Glauben so erkenne, dann ist es nötig, daß ich das auch anerkenne und bekenne! Gott kommt in meinem Leben nur voll zur Wirkung, indem ich ihn anerkenne. Hier stehe ich an der Wiege des Gebetes: Gott preisen; sagen, aussagen, daß Gott es ist, der hilft, wenn ich helfen darf. Mit dem Preisen (von praedicare = vor-sagen) sind das Bitten und das Danken auch gegeben: Ich bitte Gott, daß *er* da sein möge, wenn ich einem Menschen gegenübertrete und helfen will: „In Gottes Namen“ oder „Unsere Hilfe ist im Namen des Herrn“. Und nach der Begegnung mündet aller Dank wieder bei Gott: „Gott sei Dank“ oder „Der Name des Herrn sei gepriesen“ („Deo gratias“). Solche Gebetsgewohnheiten prägen mein gläubiges Selbstbewußtsein: Nicht mehr ich stehe im Mittelpunkt, sondern Gott. Ich erlebe mich in voller Anerkennung durch Gott als der von Gott Geliebte und Gebrauchte. Es ist für mich auch eine große Entlastung, wenn ich nicht selbst im Mittelpunkt des Geschehens stehen muß; ich kann meinen Mißerfolg auch Gott überlassen. Wenn mir etwas nicht gelingt, dann war eben noch nicht die Zeit (der

„kairos“) dafür da. Im Mißerfolg darf ich immer wieder neu lernen, daß ich es *nicht* bin, der den Erfolg bewirkt oder der eigentlich alles schafft. Derartige Lernprozesse sind immer sehr schmerzlich, aber befreiend. Solche „Entichungsprozesse“ sind immer wieder nötig, weil ganz unbemerkt doch immer wieder die Einbildung entsteht, daß ich selbst alles machen kann, auch ohne Gott.

Das angeborene Streben nach Selbstvergottung wird besonders spürbar in Konkurrenz und Eifersucht. Ich kann es nicht ertragen, daß ich nicht der einzige bin, an dem das Herz des anderen hängt, oder daß mein einzig Geliebter auch für andere der einzig Geliebte ist. Wenn meine einmalige Position in einer Beziehung in Frage gestellt wird, mein Ich-bin-alles-Bewußtsein, dann entstehen in mir Haß und Aggression, die sich bis zur Vernichtung oder Selbstvernichtung steigern können. Andererseits brauche ich für mein Selbstbewußtsein das Gefühl und das Bewußtsein der Einmaligkeit. Ich kann mir dieses Bewußtsein nicht selbst erzeugen; ich kann mich nur einmalig fühlen und erleben, wenn ich erlebe, daß ich für *jemanden* einmalig bin. Damit überfordere ich aber mich und jeden anderen Menschen, wenn ich verlange, daß ich für ihn bzw. er für mich einzig und einmalig sein muß. „Einzig“ und „einmalig“ ist ja für uns immer mit „Ausschließlichkeit“ verbunden. Das Bedürfnis, einem Menschen ganz alleine zu gehören und einen Menschen ganz für sich zu haben, ist untrennbar mit dem Verlangen nach Selbstwerdung verbunden. Das Kind will die Mutter oder den Vater ganz für sich. Wieviel Verzicht muß es lernen, wenn noch andere Geschwister kommen oder wenn es erfahren muß, daß es noch andere Kinder gibt. Der Partner will den Partner ganz für sich. Auch wenn er sich alle Mühe gibt, tolerant und nicht besitzergreifend zu sein, so bahnt sich die verdrängte Eifersucht doch ihren Weg, sobald ein kleiner Anlaß dazu gegeben wird. Dann beginnt der Rechtsstreit. Man spricht von berechtigter und unberechtigter Eifersucht. Aber welche Eifersucht ist wirklich berechtigt? Es ist gut, daß unsere Eifersucht und unsere Rachsucht im groben Rahmen durch das Recht geregelt werden; sonst könnten wir überhaupt nicht leben. Aber das Recht kann uns das nicht geben, was die ausgeglichene, ichstarke, tolerante Persönlichkeit ausmacht: die Liebe, „die alles trägt und duldet“, die Liebe, die letztlich von den menschlichen Unzulänglichkeiten nicht erschüttert werden kann.

Wie kann ich mich nun einmalig fühlen, ohne mich zu vergotten bzw. durch andere vergotten zu lassen? Wie kann ich „fremde

Götter" neben mir haben, ohne daß es mir dabei schlecht geht? Wie kann ich einen Menschen, der mir „alles" bedeutet (z.B. Eltern, Kinder, Partner), auch anderen Menschen gönnen und mich darüber auch noch freuen!? Man muß ja bei den Beispielen nicht gleich an ehewidrige oder ehebrecherische Beziehungen denken; es genügt ja schon zur Eifersucht, wenn ich spüre, daß meinem Geliebten plötzlich ein anderer auch sympathisch ist! Der Mensch hat nun einmal ein Verlangen nach Symbiose, nach Ausschließlichkeit. Gerade dieses Verlangen und überhaupt alles Haben-Müssen sind die Hauptursache für viele Lebenskrisen und für schwerste Katastrophen. Wie werde ich frei?! Wenn mir gesagt wird: Du mußt frei werden von deinen Ausschließlichkeitsansprüchen, von deiner Eifersucht und Rachsucht, – dann weiß ich ja nicht, *wie* ich das lernen soll und *woher* ich die Kraft dazu bekomme. Hat der Mensch aus sich die Kraft, sich selbst von Eifersucht und allen Vergötzungen zu befreien? Darum geht es letzten Endes bei allen Fragen der Selbstverwirklichung.
Der Glaubende findet im Geliebtsein durch Gott, das in jeder menschlichen Liebe wirkt, die Lösung und Erlösung. Gott ist es möglich, daß er alle Menschen zugleich und jeden ganz besonders und einmalig liebt. Bei ihm brauche ich keine Verlustangst und Eifersucht zu bekommen. Das Hauptproblem menschlicher Reifungsprozesse ist die Ablösung. Sie geschieht nicht dadurch, daß ich mein Verlangen nach Symbiose und Ausschließlichkeit abwürge und töte, sondern daß ich es durch den und die geliebten Menschen *hindurch* in Gott verankere. Wenn ich mich schließlich unabhängig von einem Menschen unendlich geliebt weiß, dann wachsen mir aus diesem Geliebtsein die Kräfte zu, die ich brauche, um meine eigenen Beziehungen einzuordnen und zu koordinieren. Ich finde auch die Kraft, den Menschen, der mir am nächsten steht, mit seinen Beziehungen und den sich daraus ergebenden Verpflichtungen und Bindungen anzunehmen und ihm beizustehen. Ich brauche den einzig Geliebten, und ich brauche den, von dem ich mich einzig geliebt weiß. Solange ich mich in diesem Verlangen auf Menschen konzentriere und beschränke, werde ich scheitern und andere zum Scheitern bringen. Mein Herz kann erst „ruhig" werden, wenn es „ruht in Gott". Das Menschenherz ist so geschaffen, daß es weder in sich selbst, noch in einem anderen Herzen, sondern nur im Herzen Gottes Ruhe findet. Die Menschenherzen sind für mein Leben notwendig. Aber sie sind nicht Ziel, sondern Weg, nicht Inhalt, sondern Situation, nicht Besitz, sondern Geschenk.

In diesem Sinn der Ablösung hat wohl auch das Jesuswort seine tiefere Bedeutung:

> *„Amen, ich sage euch: Jeder, der um meinetwillen und um des Evangeliums willen Haus oder Brüder, Schwestern, Mutter, Vater, Kinder oder Äcker verlassen hat, wird das Hundertfache dafür empfangen: Jetzt in dieser Zeit wird er Häuser, Brüder, Schwestern, Mütter, Kinder und Äcker erhalten, wenn auch unter Verfolgungen, und in der kommenden Welt das ewige Leben.“* (Mt 10,29 f.)

Aus diesem Jesuswort muß man nicht den Vorzug einer bestimmten äußeren Lebensweise herauslesen; es geht um den Rang und Stellenwert unserer Beziehungen. Wenn die Jesusbeziehung die vorrangige und tragende Beziehung ist, dann ergibt sich alles andere wie von selbst. Freilich kann ich meine Jesusbeziehung nicht unangefochten und bequem genießen; denn sie verlangt von mir große Selbständigkeit und Widerstandskraft gegen die Versuche meiner Mitmenschen, mich zu vereinnahmen und mich abhängig zu machen. Die Jesusbeziehung allein kann mir die Kraft geben, daß ich frei bleibe und stark in den Anfechtungen der Eifersucht (Streitsucht und Rachsucht), auch in den Beziehungen zu den Menschen, die mir am nächsten stehen.
Die Jesusbeziehung macht mich auch fähig, daß ich mehreren und vielen Menschen nahe sein kann, ohne daß ich einzelne bevorzugen bzw. zurücksetzen muß. Durch die Jesusbeziehung werden mehr echte menschliche Beziehungen möglich. Von diesen Beziehungen lebt die Gemeinde Jesu. Es soll damit nicht gesagt sein, daß alle Beziehungen bei Jesusjüngern gleich stark oder gleichartig sind; es werden Abhängigkeiten vermeidbar, so daß bei aller Verschiedenheit und trotz verschiedener Stärken *echte* Beziehungen gelingen. Bei allen Schwierigkeiten in den menschlichen Beziehungen ist es das Problem, daß sich die Menschen gegenseitig überfordern und überfordern lassen. Der Teufelskreis gegenseitiger menschlicher Abhängigkeiten wird nur durchbrochen durch die Öffnung zu Gott in einer praktisch gelebten Christusbeziehung.
Es gibt auch eine sehr fromme Art von Egozentrik, die in der Bibel als Sünde gegen das zweite Gebot gebrandmarkt ist: „Du sollst den Namen Gottes nicht wahnwitzig aussprechen!“ dies ist der Fall, wenn ich zwar an Gott glaube, ihn aber nur bedingt anerkenne. Ich nenne Gott den Unbegreiflichen, verlange aber doch, daß er meinen Vorstellungen von Gott entspricht. Ich bete zu Gott

und verlange, daß er mir hilft. Er muß mir aber so helfen, wie ich es will. Und wenn er das nicht tut, was ich will, fühle ich mich unerhört und im Stich gelassen. Ich zweifle an Gott anstatt an mir. Ohne Vertrauen hat das Beten wenig Sinn. Gewiß kann das beharrliche Beten auch ein Prozeß sein, bei dem ich zur Ergebung und zum Vertrauen gelange, auch wenn ich das nicht erhalte, was ich will. Aber irgendwann muß ich zum Vertrauen durchstoßen, sonst „nützt" mir alles Beten und alles Glauben nichts.

> *„Amen, amen, ich sage euch: Was ihr vom Vater erbitten werdet, das wird er euch in meinem Namen geben. Bis jetzt habt ihr noch nichts in meinem Namen erbeten. Bittet, und ihr werdet empfangen, damit eure Freude vollkommen ist."* (Joh 16,23 u. 24)

Aus diesem Jesuswort kann ich zunächst heraushören, daß *Gott* der ist, der *alles* gibt. Ich kann, darf und soll alles, auch das Leid und das Böse, aus seiner Hand annehmen. Gott hat das Leid und das Böse nicht geschaffen, aber er hat das Leben so geschaffen, daß das Leid und das Böse (und alles, was ich für böse halte) meine Lebenssituation werden können, in der ich mich und Gott finde. Wenn ich mich auf die Lebenssituation einlasse, in der ich gerade bin – sei es annehmend oder verändernd –, dann lasse ich mich auf Gott ein. Im Vertrauen auf Gott kann ich alles so nehmen, wie es ist. Aber auch umgekehrt gilt: Wenn ich alles so nehme, wie es ist, dann verwirkliche ich Gottvertrauen, auch wenn mir das nicht als solches bewußt wäre. „So nehmen, wie es ist" bedeutet dabei nicht resignierendes, passives Hinnehmen. „So nehmen, wie es ist" heißt gewiß, das Unabänderliche tragen, aber auch die Impulse und Aufgaben wahrnehmen, die in einer Lebenssituation enthalten sind.

Ferner kann ich aus dem Jesuswort heraushören, daß mir der Vater *alles* gibt, was *ich* brauche, d.h., was mein Ich zu seiner Ichwerdung braucht und was ich zu meiner Ichfindung brauche. Man muß den Satz immer wieder meditierend wenden: Alles gibt mir *Gott* – Gott gibt mir *alles*. Ich darf Gott wirklich um alles, was ich mir wünsche, bitten. Aber ich sollte auch soviel Vertrauen haben, daß ich es letztlich Gott überlasse, was ich brauche und was nicht. Alles, was mir das Leben bietet, nehme ich aus seiner Hand an, und was mir das Leben nicht bietet, das brauche ich nicht. Wenn ich immer das haben möchte, was ich nicht habe und nicht haben kann, und die Menschen haben möchte, die ich nicht

haben kann, dann zeigt sich hier ganz praktisch die „Ur-Sünde“: daß ich das Maß aller Dinge sein will.
Das rechte Verhältnis zu mir selbst, zu den anderen, zur Welt und zu Gott wird in der Bibel durch die Mitte-Symbolik der Paradiesgeschichte zum Ausdruck gebracht. Alles entscheidet sich an der Frage: Was ist deine Mitte, was ist der Bezugspunkt, von dem aus sich alles bemißt? Der Baum in der Mitte bezeichnet Gott als Ursprung und Maß aller Dinge. Wenn ich zu Gott in Beziehung stehe, dann stimmen alle anderen Beziehungen. Wenn Gott meine Mitte ist, stimmt auch das Verhältnis zu mir selber. Ich kann nicht meine eigene Mitte sein. In allen meinen Leiden und Übeln liegt die Sünde verborgen: daß ich immer noch zu sehr mein eigener Gott sein möchte. Dieses Gott-sein-Wollen ist uns so eingefleischt und so selbstverständlich, daß wir lange, schmerzliche Prozesse durchmachen müssen, bis wir überhaupt anfangen, die Ur-Sache aller Nöte bei uns selber zu suchen. Wir hören die Paradiesesgeschichte von Kindheit an immer wieder, und wir betrachten die Lehre von der Ursünde immer wieder, aber es braucht sehr lange, bis uns das angeht und aufgeht.
Das ist ja unsere Sünde („Sonderung“, Isolation), daß wir das nicht zulassen, „zu uns lassen“, daß wir in Gott sind und Gott in uns. Es liegt nicht an Gott, sondern an mir, wenn ich Gott in meinem Leben nicht sehe und höre. Gott ist nicht stumm, aber ich bin taub. Gott ist da, aber ich bin blind. Gott erhört mich, aber ich bin stumm. Aber auch diese Heilung unserer Sinne können wir nicht selbst vornehmen. Alles ist Gnade, und Er muß sich unserer Krankheit erbarmen. Unser Beitrag besteht wohl darin, daß wir unsere Krankheit erkennen und um Heilung bitten. Wir leiden eigentlich nicht an unseren Krankheiten, sondern an unseren „falschen Gesundheiten“. Gott hat es schwer mit uns, wenn er uns „unheilbar Gesunde“ heilen soll.

### *Wer nur nach Lust und Laune lebt, kann nicht mit Lust und Laune leben*

> *„Und da sie sich weigerten, Gott anzuerkennen, lieferte Gott sie einem verworfenen Denken aus, so daß sie tun, was sich nicht gehört: Sie sind voll Ungerechtigkeit, Schlechtigkeit, Habgier und Bosheit, voll Neid, Mord, Streit, List und Tücke, sie verleumden und treiben üble Nachrede, sie hassen Gott, sind überheblich, hochmütig und prahlerisch, erfinderisch im Bösen und ungehorsam gegen die Eltern, sie sind unver-*

*ständig und haltlos, ohne Liebe und Erbarmen. Sie erkennen, daß Gottes Rechtsordnung bestimmt: Wer so handelt, verdient den Tod. Trotzdem tun sie es nicht nur selber, sondern stimmen bereitwillig auch denen zu, die so handeln."* (Röm 1,28-32)

Kurz vorher schreibt Paulus: „Sie vertauschten die Wahrheit Gottes mit der Lüge, sie beteten das Geschöpf an und verehrten es anstelle des Schöpfers – gepriesen ist er in Ewigkeit. Amen. Darum lieferte Gott sie entehrenden Leidenschaften aus" (Röm 1,25 f.).

Es ist im Grunde dasselbe, ob ein Mensch sich selber vergötzt oder ein anderes Geschöpf. In jedem Fall geht der Mensch von sich aus. Auch wenn ein Mensch den wahren Gott und Schöpfer verehren will, muß er ein Leben lang an sich arbeiten, damit er dabei nicht doch wieder unbemerkt von sich selber ausgeht und sein Spiegelbild verehrt anstatt Gott. Der Mensch ist das Abbild Gottes, aber Gott ist nicht das Abbild des Menschen. Man kann vom Abbild auf das Urbild schließen, aber dabei muß die Dimension des Unendlichen einbezogen werden. Gott respektiert es, wenn der Mensch ihn nicht als Gott anerkennt, sondern sich selbst oder irgend etwas anderes. Gott läßt es zu, daß der Mensch sich selber vergottet. Er behält diesen Menschen liebend im Auge, er behält ihn in seiner Hand und in seinem Herzen, aber er behindert ihn nicht, seine Selbstvergottung auszuleben. Darin besteht die „Strafe" Gottes: Der Mensch „darf" das sein, was er will: sein eigener Gott. In der Selbstvergottung macht sich nun der Mensch ganz von sich selber abhängig. Er verkauft seine Freiheit an sich selbst und wird zum Sklaven seiner Triebe und Bedürfnisse. Die Triebe sind nicht mehr nur Antriebe, sie bestimmen jetzt mein Leben, – mich selbst. „Mächte und Gewalten" stürzen über den Triebbereich auf mich ein und „besetzen" mich; sie besetzen mein Ich, so daß ich „besessen" bin. Soweit und sofern ein Mensch Gott nicht anerkennt und „ihm allein dient", ist er besetzt und besessen von diesen unheimlichen Mächten. Weil wir alle ja keine Vollgläubigen sind und zeitlebens an den Folgen der Erbschuld leiden, sind wir alle mehr oder weniger besessen. Beim durchschnittlichen, „normalen" Menschen tritt diese Abhängigkeit in den „Suchten" und „Anfällen" zutage. Von dieser Diagnose her wird deutlich, daß ein Mensch durch das direkte Bekämpfen seiner Suchten und Anfälle keine Heilung finden kann. Der Mensch kann ja nicht jene (dämonischen) Kräfte bekämpfen,

indem er sich ihnen im Prinzip gleichzeitig ausliefert. Heilen, lösen und erlösen kann ihn nur die Gottesbeziehung, die von sich aus die Kraft hat, alle anderen Mächte zu bannen. Ich muß die Dämonen nicht alle kennen, und ich brauche keine Dämonenlehre zu entwickeln, um zu erkennen, daß mich nur die Gottesbeziehung heilen und retten kann.
Wenn wir die Versuchungsgeschichte Jesu meditieren, können wir auch den Sinn aller Versuchungen und das Wesen der Versuchung in unserem Leben erkennen. In jedem Leid und in jedem Lebensproblem sind wir versucht, die Not mit unseren Mitteln allein zu heilen – ohne Gott. Vielleicht bitten wir Gott, daß er uns bei unserem „gottlosen" Tun beisteht, und wundern uns, wenn er uns nicht helfen kann. – Derartige Versuchungen sind die Stellen in unserem Leben, an denen wir uns selbst beweisen müssen, daß wir auf Gott vertrauen. Wir haben schon bei dem Thema „Prüfung" darüber nachgedacht und herausgefunden, daß nicht Gott unsere Prüfung braucht, sondern wir selbst. Das Vertrauen kann uns nur heilen, wenn wir uns dessen immer wieder bewußt-werden. Und dazu bedarf es der Versuchung und der Prüfung.

Wenn man betrachtet, wie sehr Gott die Freiheit des Menschen anerkennt, tauchen die alten Gotteszweifel wieder auf: Was ist das für ein Gott, der dem Menschen die Freiheit gibt und dann „zuschaut", wie sich der Mensch mit dieser Freiheit selbst zerstört!? Diese Frage wird man immer wieder stellen müssen, weil es keine befriedigende Antwort gibt und weil man immer wieder neu mit ihr zu leben lernen muß. Gewiß muß man sagen: Gott schaut nicht einfach zu – wie ein Sadist. Er hat alles getan in der Hingabe Jesu, daß die Menschen sehen und spüren könnten, daß sie geliebt sind und daß es *die* Liebe gibt, daß die Menschen über das Geliebtsein Heilung finden können. Aber die Menschen müssen den Weg der Bekehrung (zur Liebe) *selber* gehen. Ich muß mich *selbst* finden. Gottt hat mich längst gefunden; er hat mich von sich aus gar nicht verloren! Aber *ich* muß mich erst (in Gott) finden. Wenn ich zu Gott im Glauben und im Vertrauen gefunden habe, dann drückt das Gottesproblem nicht mehr; denn im Glauben weiß ich, daß Gott nicht an den Katastrophen *vorbei*, sondern durch die Katastrophen *hindurch* rettet. Aber bevor ich glauben kann, habe ich ja meine Probleme! Und diese löst Gott nicht. Er zeigt nur seine unendliche Liebe in der Hoffnung, daß ich irgendwann darauf eingehe und auf die Problemlösungen verzichte, die der Geliebte nicht mehr braucht.

In der Selbstvergottung und in der Vergötzung der Geschöpfe (Konsum) ist auch die „unvergebbare“ Sünde zu sehen = die Sünde gegen den Heiligen Geist. Jede andere Sünde kann angenommen und hingenommen werden; diese nicht. Mit jeder anderen Sünde kann ich leben, mit dieser nicht. Würde Gott der Selbstvergottung des Menschen zustimmen, dann gäbe es ihn nicht mehr. Denn das ist ja wohl das Wesen Gottes, daß er der einzige Ursprung von allem ist. – Dies ist unserem Denken noch erreichbar.
Wir brauchen Gott, weil wir selbst für uns zu schwach sind. Wir können mit unserer Kraft das Böse bekämpfen, aber nicht besiegen. Im Gegenteil: Wenn Gott nicht heilend eingreift, vermehren wir durch unsere Selbstheilungsversuche das Böse. Wir vertreiben vielleicht einen Dämon, aber wenn Gott nicht einzieht, schaffen wir nur Platz für sieben weitere Dämonen. Als vielfache Dämonie könnte man es erachten, wenn ein Mensch so in sich verliebt ist, daß er sich überhaupt nicht mehr in Frage stellen kann. Er sucht und findet für alles die Schuld bei den anderen, die er furchtbar zu bestrafen sucht, während er sich tatsächlich für unfehlbar hält. In dieser völlig falschen Selbsteinschätzung wird der Weg in die Neurose und Psychose beschritten.

> *„Ein unreiner Geist, der einen Menschen verlassen hat, wandert durch die Wüste und sucht einen Ort, wo er bleiben kann. Wenn er aber keinen findet, dann sagt er: „Ich will in mein Haus zurückkehren, das ich verlassen habe. Und wenn er es bei seiner Rückkehr leer antrifft, sauber und geschmückt, dann geht er und holt sieben andere Geister, die noch schlimmer sind als er selbst. Sie ziehen dort ein und lassen sich nieder. So wird es mit diesem Menschen am Ende schlimmer werden als vorher. Dieser bösen Generation wird es genauso gehen.“* (Mt 12,43-45)

Wenn wir schließlich unsere Konsumgesellschaft betrachten, die vielen Verwahrlosungen, – und die Dämonen, die die Menschheit eingelassen hat in allen Formen des Egoismus, dann wird uns die Drohung Jesu ganz persönlich betreffen. Der Egoismus der Menschen hat die Menschheit und die Welt an den Rand des Abgrunds getrieben. Die Drohung Jesu gilt gewiß für jede Zeit und für jede Generation. Verhältnismäßig neu ist das universale und weltweite Ausmaß der Bedrohung. Retten kann nur Gott; aber er rettet auch durch eine eventuelle Katastrophe hindurch.

## 2. Mach dich frei!

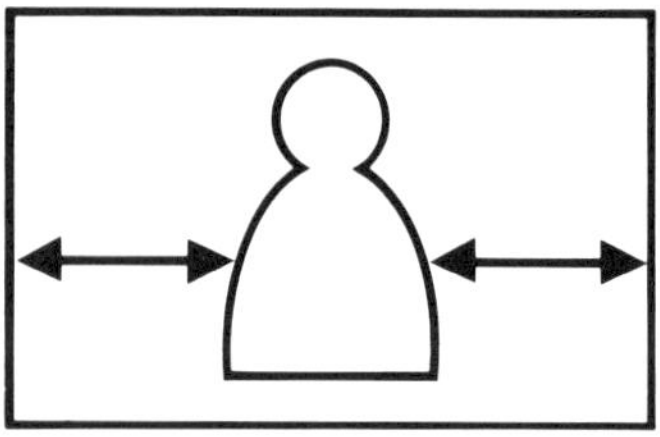

Dieses „Männlein im Kasten“ soll den Menschen versymbolisieren, sofern er im Rahmen des Gesetzes lebt. Der Kasten bedeutet die Gesetze, Normen, Vorschriften, Gebote, Moral. Einige Gedanken wurden schon dargelegt unter der Überschrift „Gott ist nicht moralisch“ (S. 59).

Dieses Symbol hat auch wieder zwei Seiten, eine positive und eine negative.

– *POSITIV:* Der Gesetzesrahmen bietet jedem Menschen einen Lebens*raum*. Aus ihrer Vernünftigkeit schaffen sich die Menschen diesen Lebensraum so, daß er für jeden die größtmögliche Entfaltungsmöglichkeit bietet. Im Alten Testament sind die gesamte Lebenserfahrung und die Erfahrung der Geschichte eingebunden in die Gotteserfahrung. Gott führt sein Volk, er rettet es, er gibt das Land, er gibt den Lebensraum. Gott ist der Existenzgrund des Volkes. So ist auch das Gesetz nicht das Ergebnis und das Erzeugnis menschlicher Vernunft, sondern Ausdruck des Willens Gottes, der will, daß sein Volk *lebt*. („... Damit du lebst!“) Es ist der Lebenswille, die Liebe und die Kraft Gottes, die im Gesetz Gottes, in der Thora, leben; so wird das Gesetz, seine Befolgung,

FREI SEIN

Ohne Grenze
gibt es keine Grenzenlosigkeit;
ohne Ordnung
kann das Außerordentliche nicht bestehen.
Der Ordnungslose
muß in der Freiheit untergehen.
Sag ja zu deinen Grenzen.
Setz dir selber Grenzen;
sie eröffnen dir die Freiheit.

die praktische Verwirklichung der Gottesbeziehung. Der Sinn der Gebote ist das Leben selbst, das aus der Gottesbeziehung kommt. Das Gesetz ist eine Hilfe, um an *Gott* zu hängen, – nicht am Buchstaben.
Im Pharisäismus ist die lebendige Beziehung zu Gott, der das Gesetz dienen sollte, geschwunden. An die Stelle des lebendigen liebenden Gottes ist immer mehr der tote, steinharte Buchstabe des Gesetzes getreten. Der pharisäische Mensch – damals wie heute – dient vorrangig nicht mehr Gott und den Menschen, sondern dem Buchstaben des Gesetzes. Das Gesetz ist um des Gesetzes willen da, nicht mehr um Gottes und der Menschen willen. Jesus wollte die alte Beziehung wiederherstellen: „Der Sabbat (= das Gesetz) ist für den Menschen da, und nicht der Mensch für den Sabbat" (Mk 2,27). Irdisch gesehen ist er am Gesetz gescheitert: „Wir haben ein Gesetz, und nach diesem Gesetz muß er sterben" (Joh 19,7). Gott ist zum Legalisierungsinstrument für den Buchstaben des Gesetzes geworden. Jesus hat die Buchstabengerechtigkeit nicht nur kritisiert; er ist für den Primat der Liebe und der Gottesbeziehung in den Tod gegangen und hat damit das eigentlich Entscheidende ein für allemal dargestellt und hingestellt.

– *NEGATIV:* Der Wandel von der Beziehungsfrömmigkeit (Leben aus Gotteserfahrung) zur Gesetzesfrömmigkeit (Leben aus der Übereinstimmung mit dem Gesetzesbuchstaben) zeigt, wie verkehrbar der Sinn des Gesetzes ist. Der *Lebensraum* kann zum *Gefängnis* werden. Das Gesetz kann zum „Zwinger" werden, in den sich die Menschen selbst und gegenseitig einsperren. Das Gesetz wird zum Gefängnis, wenn es mein Leben nicht mehr ermöglicht und fördert, sondern behindert. Aber was ist „mein Leben"!? Wer kann bestimmend und bestimmt sagen, was „mein Leben" ist? Der Egoist und der glaubend Liebende sind in dieser Frage gegenteiliger Meinung. Mit dieser Frage treten wir in den Raum der persönlichen *Verantwortung*, in dem Selbstfindung und Selbsterfahrung erst möglich werden. Man kann den Gesetzesrahmen als Durchgangsstadium auf dem Weg zur Selbstfindung betrachten: Zunächst komme ich auf die Welt und lebe in völliger Abhängigkeit von den Eltern. In naivem und infantilem Egoismus betrachte ich die Welt und die Menschen nur von mir aus. In der nächsten Stufe muß ich lernen, mich zu binden an die Gesetze des Lebens und des Zusammenlebens. In der Schule der Gesetze lerne ich zu leben. Je mehr ich zu leben gelernt habe,

desto besser kann *ich selber* leben. Ich werde fähig, verantwortlich mit dem Gesetz umzugehen nach Maßgabe des Lebens, das ich durch das Gesetz gelernt habe. Ich bin nicht mehr *dem* Gesetz verantwortlich, sondern *für* das Gesetz. Nach dem Gesetz *richtig* zu leben, heißt noch lange nicht, in eigener Verantwortung *recht zu leben.*
Viele Menschen gelangen nicht oder nicht genügend zur Stufe der Verantwortung aus Bequemlichkeit und aus Angst vor dem Risiko der freien Verantwortung. Der Buchstabe des Gesetzes ist bequemer als die persönliche Verantwortung, bei der ich die Garantie für die Richtigkeit selber tragen muß. Ob ein Handeln verantwortlich ist, kann man nur „an den Früchten", also an Erfahrungswerten, erkennen. Es gibt legales Handeln, das verantwortet ist; andererseits kann legales Handeln („Dienst nach Vorschrift") Flucht vor Verantwortung bedeuten. Ebenso kann ein Handeln, das nicht mit dem Buchstaben des Gesetzes übereinstimmt, aus Verantwortung erfolgen, aber auch aus egoistischer Verwahrlosung. Was beim kleinen Kinde eine notwendige Entwicklungsstufe ist, wird beim Erwachsenen zur Verwahrlosung; das Kind ist verantwortungslos, weil es noch keine haben kann; der verantwortungslose Erwachsene hat sein Leben verfehlt. Menschliche Freiheit ist Entgrenzung. Wie soll aber Entgrenzung erfolgen und gelernt werden, wenn Grenzen nie gelernt wurden!? Wie soll ein Autofahrer im freien Gelände fahren können, wenn er es auf der geraden Straße nicht gelernt hat!

## Gesetz und Freiheit: außen und innen

Das Spannungsfeld Gesetz und Freiheit, Gebotegehorsam und Verantwortung begegnet uns in der Bibel: einerseits der Jubel über das Gesetz, das Gott gab, andererseits die leidenschaftliche, fast übertriebene Ablehnung des Gesetzes bei Paulus, dessen Grunderfahrung des Lebens die Jesusbegegnung und Jesusbeziehung ist.

> *Mose sprach zum Volk: Und nun, Israel, höre die Gesetze und Rechtsvorschriften, die ich euch zu halten lehre. Hört, und ihr werdet leben, ihr werdet in das Land, das der Herr, der Gott eurer Väter, euch gibt, hineinziehen und es in Besitz nehmen. Ihr sollt dem Wortlaut dessen, worauf ich euch verpflichte, nichts hinzufügen und nichts davon wegneh-*

*men; ihr sollt auf die Gebote des Herrn, eures Gottes, achten, auf die ich euch verpflichte. Ihr sollt auf sie achten und sollt sie halten. Denn darin besteht eure Weisheit und eure Bildung in den Augen der Völker. Wenn sie dieses Gesetzeswerk kennenlernen, müssen sie sagen: In der Tat, diese große Nation ist ein weises und gebildetes Volk. Denn welche große Nation hätte Götter, die ihr so nah sind, wie Jahwe, unser Gott, uns nah ist, wo immer wir ihn anrufen? Oder welche große Nation besäße Gesetze und Rechtsvorschriften, die so gerecht sind wie alles in dieser Weisung, die ich euch heute vorlege?* (Dtn 4,1 f. 6-8)

Im Kontrast dazu lesen wir bei Paulus Worte wie:

„*Er hob das Gesetz samt seinen Geboten und Forderungen auf*" (Eph 2,15).

„*Die Kraft der Sünde ist das Gesetz*" (1 Kor 15,56).

„*Das Gesetz hat nichts mit dem Glauben zu tun*" (Gal 3,12).

„*Ich aber bin durch das Gesetz dem Gesetz gestorben, damit ich für Gott lebe*" (Gal 2,19).

„*Wenn ihr durch das Gesetz gerecht werden wollt, dann habt ihr mit Christus nichts mehr zu tun*" (Gal 5,4).

Wie kommen wir nun mit diesem Spannungsfeld zurecht? In unserer gegenwärtigen Lebenssituation ist dieses Spannungsfeld erneut akut geworden. Manche Gebote, die uns Alten in der Kinderzeit mit Verdammungsängsten eingeschärft wurden wie das Sonntagsgebot und alle Gebote im Bereich des Sexualverhaltens (6. Gebot!), sind heute praktisch so gut wie verschwunden, obwohl sie theoretisch noch genauso wie früher gelten. Sind Gebote zeitbedingt, oder gelten sie absolut? Gibt es Gottesgebote und Menschengebote, und welche Gebote gehören zu welcher Gruppe? Diese Fragen stellen sich heute neu. Aber auf der Ebene, auf der die Fragen gestellt werden, gibt es wohl keine befriedigenden Antworten. Jesus hebt das ganze Problem im Verhältnis von Gebot und Leben auf eine andere Ebene und stellt es dar im Verhältnis von außen und innen:

*Weh euch, ihr Schriftgelehrten und Pharisäer, ihr Heuchler! Ihr haltet Becher und Schüsseln außen sauber, innen aber sind sie voll von dem, was ihr in eurer Maßlosigkeit zusammengeraubt habt. Du blinder Pharisäer! Mach den Becher zuerst innen sauber, dann ist er auch außen rein.* (Mt 23,25 f.)

*Ihr gebt Gottes Gebot preis und haltet euch an die Überlieferung der Menschen.*
*Dann rief Jesus die Leute wieder zu sich und sagte: Hört mir alle zu und begreift, was ich sage: Nichts, was von außen in den Menschen hineinkommt, kann ihn unrein machen, sondern was aus dem Menschen herauskommt, das macht ihn unrein.*
*Denn von innen, aus dem Herzen der Menschen, kommen die bösen Gedanken, Unzucht, Diebstahl, Mord, Ehebruch, Habgier, Bosheit, Hinterlist, Ausschweifung, Neid, Verleumdung, Hochmut und Unvernunft. All dieses Böse kommt von innen und macht den Menschen unrein.* (Mk 7,8.14 f. 21-23)

Auch das Jesuswort aus der Bergpredigt gibt uns einen Hinweis auf das Verhältnis von außen und innen:

*Denkt nicht, ich sei gekommen, um das Gesetz und die Propheten aufzuheben. Ich bin nicht gekommen, um aufzuheben, sondern um zu erfüllen".* (Mt 5,17)

Jesus sieht sich als die „Erfüllung". Er ist die Füllung, der Inhalt des Gesetzes. Gesetz und Propheten sind das Gefäß, das sinnlos wird, wenn der Inhalt fehlt. Man könnte sich das Gesetz auch als „Verpackung" vorstellen, die in dem Maß überflüssig wird, als der Inhalt, die Liebe und das Erbarmen Gottes, „ausgepackt" werden. Das Wort: „Ihr gebt Gottes Gebot preis und haltet euch an die Überlieferung von Menschen" besagt dasselbe: Sobald der Inhalt, das Eigentliche, fehlt, handelt es sich nur mehr um Menschengebot. Es geht nicht darum, ob dieses oder jenes Gebot historisch gesehen von Gott oder von Menschen stammt, sondern darum, *ob ein Gebot dem Leben und der Liebe dient oder nicht.* Jedes Gebot, das der Liebe dient, stammt von Gott. Wenn ein Gebot nicht mehr der Liebe dient, wenn etwa ein Mensch einen anderen mit einem „Gebot Gottes" erpressen will, stammt es nicht mehr von Gott. Der Mensch hat sozusagen Gott aus dem Gebot ausgeschüttet, um nun von sich aus einen anderen anzugreifen oder zu bedrohen. Wenn Menschen gegeneinander mit dem „Gebot Gottes" oder dem „Willen Gottes" zu Felde ziehen, ist das immer eine sehr zweifelhafte Sache. Wenn Liebe und Güte fehlen, ist Gott auch im „göttlichsten" Gebot nicht mehr enthalten. Die Schriftstellen sind zahlreich, die besagen, daß ohne Liebe jedes Gebot sinnlos ist. Mit Liebe ist immer die schnittpunktartige Einheit von Gottes-

und Nächstenliebe gemeint. Beides kann man unterscheiden wie die zwei Balken eines Kreuzes, aber man kann sie nicht trennen. Liebe ist immer nur *eine*, wenn sie *echt* ist; und diese echte Liebe hat die zwei Hauptrichtungen: Gott und Mensch zugleich.
Diese Liebe ist in Jesus verkörpert, und sie ist der Inhalt. Alles andere ist Verpackung, Gefäß, Teller, Schüssel. Wenn das Innere stimmt, stimmt auch das Äußere. Aber wenn das Äußere stimmt, muß noch lange nicht das Innere stimmen. Äußerer Glanz kann über die innere Leere und Falschheit hinwegtäuschen. Mit zwanghafter Genauigkeit versuchen manche, sich über die innere Leere und über den Mangel an Glauben und Vertrauen hinwegzutäuschen. Die Arbeit an der „Verpackung" ist immer attraktiv und beeindruckend. Man kann aufgehen in dieser Buchstabenpflege, wie es unsere frühere Moralkasuistik getan hat. Es gibt gerade in der heutigen Problematik viele Lebensfragen (Gentechnik, Euthanasie, Atomkraft usw.), wo der menschliche Verstand herausfinden muß, was noch dem geschaffenen Leben entspricht und was nicht, – was seinsgerecht ist und was nicht. Aber alle Moralkasuistik *dient* der Verantwortung und ersetzt sie nicht. Mit den Kategorien „erlaubt" und „unerlaubt" kann ich mich – wie mit dem „Dienst nach Vorschrift" – vom Eigentlichen, vom „Inhalt", fortstehlen. Es geht auch hier wiederum nicht um ein Innen *oder* Außen, sondern um das Innen *und* Außen. Dabei ist das Primäre das Innere. Nur das Innere kann das Äußere so bestimmen, daß es *recht* ist.

### **„Durch Werke des Gesetzes wird niemand gerecht"** (Gal 2,16)

Für unsere Betrachtung dürfen wir das Wort „gerecht" im umfänglichen Sinn verstehen: Durch das Gesetz (als solches) wird niemand heil, gelangt niemand zu sich selbst, zur Selbständigkeit – zu Gott. Das Gesetz als Regelverhalten kann wie gesagt eine Hilfe sein. Das Gesetz, als Gewohnheit verstanden, bestimmt am stärksten unser Verhalten. Ich brauche Gewohnheiten; sie sind eine Hilfe! Aber ich bin verantwortlich für neue Gewohnheiten, für die, die ich übernehme, und für die, die ich mir selber schaffe. Das Problem meiner Reifung liegt in der Frage: Bleibe ich – bleibt mein Ich – am Äußeren hängen, oder kann ich mich freimachen und im letzten auf die Bestätigung von außen, vom Gesetz und von der Gewohnheit, verzichten? Der Leser mag sofort einwenden: Ja, der Verwahrloste verzichtet auf die Bestätigung durch das Gesetz und die Norm! Es geht hier aber nicht um den verwahrlosten, infantil gebliebenen Menschen, sondern um den mündigen Menschen, um die verantwortungsbewußte Persönlichkeit. Der pharisäische Mensch – und jeder von uns ist irgendwo Pharisäer geblieben – wird und muß jedes Handeln verdächtigen, das nicht am Buchstaben des Gesetzes zu messen ist. Der frei verantwortlich handelnde Mensch muß und kann das Risiko, verdächtigt zu werden, tragen. Er hat die Kraft, es hinzunehmen, als gesetzlos zu gelten, ohne daß er sich dadurch beleidigt fühlen muß. Das vollkommene Beispiel dafür ist Jesus, der denen, die ihn verfolgen und töten, vergeben kann. Im folgenden soll kurz die Situation skizziert werden, in der sich ein Mensch befindet, der seine Selbstbestätigung (Identität) vom Buchstaben des Gesetzes allein herleitet, der also über den Rahmen (über seinen „Kasten") nicht hinauswächst.

● Zunächst ist einmal zu sagen, der pharisäische Mensch ist der anständige Mensch, auf den man sich absolut verlassen kann, wenn es um stimmige Ordnungen geht. Wenigstens so weit müßte ein Mensch kommen, daß er die Gesetze anerkennt, sonst ist ein Zusammenleben der Menschen nicht möglich. Mit der Bewältigung von Lebenssituationen, die nicht mehr in den Gesetzesrahmen einzuordnen sind (wenn z.B. ein nahestehender Verwandter aus einer gut christlichen Familie mit jemandem in „wilder Ehe" zusammenlebt), ist er in der Regel überfordert. Natürlich kann er in einer solchen Situation über sich selbst hinauswachsen. Er müßte lernen, daß er etwas *versteht*, dem er nicht *zustimmen* kann und soll. Wenn er Menschen, deren Überzeugung er nicht teilt, trotzdem toleriert und liebt, dann ist der Sprung über den eigenen Schatten (aus dem „Kasten") geglückt.
Das Gesetz, hier verstanden als Gruppennorm, ist lebensnotwendig. Ohne Gruppennorm kann keine Gruppe existieren, denn sie ist die Basis des Zusammenhaltes und der Zugehörigkeit. Durch die Übertretung einer Norm wird immer die ganze Gruppe betroffen. Hier kann die Freiheit leicht zum „Deckmantel der Bosheit" mißbraucht werden. Wenn jemand bewußt eine Norm übertritt, muß er sich die Frage stellen, ob er die Freiheit dazu *hat* oder ob er sich die Freiheit dazu anmaßend *herausnimmt*. Der wahrhaft freie Mensch lastet sich in seiner Freiheit nicht der Gruppe auf und verlangt nicht, daß andere seine Verantwortung mittragen. Er muß seine Entscheidung allein mit Gott tragen können (vor seinem Gewissen), sonst ist er eben nicht frei.

● In diesem Abschnitt soll um Verständnis und Toleranz für den pharisäischen Menschen geworben werden. Ein Mensch, dem die Ordnung buchstäblich über alles geht, *kann* nicht tolerant bleiben, wenn seine Ordnungen verletzt werden oder wenn seine Ordnung in Konkurrenz zu einer anderen Ordnung tritt. Er kann keine „fremden Götter" (fremden Ordnungen) dulden. Seine ganze Identität und sein Selbstwertbewußtsein bestehen in der Übereinstimmung mit dem Buchstaben des Gesetzes. Wenn diese Übereinstimmung durch irgend etwas in Frage gestellt wird, dann *muß* er aggressiv reagieren; denn es ist ja nicht etwas, sondern *er selbst* in Frage gestellt. Nur der vollkommen Liebende kann durch nichts Frage gestellt werden, denn er ist in Gott geborgen.
Der in seiner Identität in Frage Gestellte wird alles unternehmen, um seine Ordnung und damit sich selber wiederherzustellen. Er *muß* immer Recht haben und rechthaben; er *muß* den anderen oder die konkurrierende Ordnung verurteilen und bekämpfen; er *kann* den anders Denkenden nicht gelten lassen. Er muß auf seine Ansprüche pochen, sonst wäre er nicht mehr er selbst. Ebenso kann er sich nichts oder nicht alles „gefallen lassen". Jeder kann selbst seinen Toleranzpegel oder seine Frustrationstoleranz messen in der Begegnung mit Menschen, die seine Ordnung übertreten: wenn ich mich z.B. im Straßenverkehr bemühe, die Verkehrsordnung gewissenhaft einzuhalten, und erleben muß, wie sich ein anderer überhaupt nicht darum kümmert! Was entsteht jetzt in mir? Wut, das Bedürfnis, ihn anzuzeigen, ihn zur Ordnung zu zwingen? Oder das „liebevolle Bedürfnis", ihn anzuhalten, aufzuklären und ihn schließlich von der Einhaltungspflicht zu überzeugen!? (Der Staat muß schließlich mit Drohung und Strafe die notwendige Ordnung durchsetzen, weil die Menschen so sind, wie sie sind, und weil der Staat in dieser Hinsicht eine notwendige und keine „liebevolle" Einrichtung ist!)
Das Sich-ärgern-Müssen über die Unordentlichkeit besonders der anderen darf nicht nur negativ gesehen werden. In diesem Ärger steckt auch eine ordnungserhaltende Kraft, die das Überleben sichert. Man kann den „notwendigen" Ärger über die Ordnungsverletzung auch begreifen als Angst: Angst vor der Vernichtung der eigenen Identität, vor dem Verlust des eigenen Ich. Wer darüber hinaus seine ganze Existenz auf das Funktionieren der Gesetze stellt, der muß bei dem Gedanken einer Ordnungsverletzung in Panik geraten.
Eine besonders schlimme Form pharisäischer Ängste sind die Verdammungsängste des Skrupulanten. Diese Ängste können

sich bis zur Neurose steigern. Der Skrupulant meint, daß sein ganzer Wert in einem buchstabengetreuen Leben besteht und daß Gott seine Liebe danach zuteilt, wie treu und genau einer die Gebote erfüllt hat. So entsteht die Gottesangst, die mit einem gnadenlosen Gottesbild in Wechselwirkung steht. Es ist natürlich verführerisch, mit diesem Gottesbild und mit dieser Angst Macht auszuüben und Ordnung aufrecht zu erhalten!
Aber auch der religiös nicht gebundene Mensch, der seine Identität vom Gesetz herleitet, kann in den Zustand der Erbarmungslosigkeit sich selbst gegenüber geraten, indem er sich manchmal bis zur Selbstvernichtung selbst bestraft.
Wenn wir nun mehr oder weniger diese pharisäischen Strukturen in uns selbst entdecken, werden wir mit Paulus stöhnen: „Ich armer Mensch, wer wird mich befreien!" – Die Antwort ist auch für uns dieselbe wie für Paulus: Christus.
Fassen wir nochmals zusammen. Befolgung des Gesetzes: Ordnung. – Übertretung des Gesetzes: Angst. – Befreiung vom Gesetz und von der Angst: Vertrauen. Daß mit Vertrauen nur Gottvertrauen gemeint sein kann, ergibt sich von selbst. Auf wen sollte ich denn vertrauen, ohne enttäuscht zu werden? Auf meine Kräfte? Auf die Kraft des Gesetzes, die Paulus „Sünde" nennt? Oder auf Gott, den Gott der Erbarmung und allen Trostes?

● Wenn sich auch der pharisäische Mensch ganz am Gesetz orientiert, so führt er seine Identität letzten Endes doch selbst herbei. Er übernimmt die Verantwortung nicht selber; die Verantwortung für das richtige Handeln liegt beim Gesetz. Aber die Übereinstimmung meines Handelns mit dem Gesetz liegt in der Hand des Menschen. Als pharisäischer Mensch kann ich und muß ich die Übereinstimmung selbst herbeiführen. Der Schlüssel für mein Rechtsein bzw. Richtigsein liegt also bei mir. Ich schaffe mir durch meine Legalität ein Anrecht auf Heil. Ich verdiene mir den Himmel „ehrlich"! Heute wenden sich viele Christen der Karmalehre und Reinkarnationslehre zu. Wahrscheinlich liegt der praktische Anreiz dieser Lehren im Angebot der Selbsterlösung: Ich habe mein Schicksal selber in der Hand; ich kann an meinem Leben selber das vollenden, was noch fehlt. In der Tat bestätigen viele Menschen, daß ihnen dieser Glaube innere Ruhe schenkt. Die inneren Unstimmigkeiten und Fragwürdigkeiten dieser Lehren fallen für viele Anhänger nicht ins Gewicht.
Sich den Himmel zu verdienen durch Gebotehalten, das klingt sehr plausibel auch für Christgläubige, zumal man hier die irdi-

schen Erfahrungen voraussetzen kann: Wenn ich ein anständiger Mensch bin, habe ich ein Anrecht auf alle Einrichtungen des sozialen Rechtsstaates. Dieses Sicherheitsgefühl und Selbstsicherheitsgefühl kann ich mir erwerben. Und es ist sehr verständlich, daß ich diese Vorstellungen und dieses Gefühl auch auf den Bereich der Gottesbeziehung übertrage. Gott bietet mir seine Gebote an, und als Gegenleistung für mein Gebotehalten gibt er mir sein Heil, d.h. einen guten Platz im Himmel, wenn ich gestorben bin. Je genauer ich die Gebote kenne, umso genauer kann ich sie halten, umso mehr Sicherheit habe ich, daß ich in den Himmel komme. Von diesem Sicherheitsbedürfnis und diesen Sicherheitsgefühlen her ist es auch zu verstehen, daß viele vorwiegend noch pharisäisch eingestellte Menschen sehr aufgebracht sind, wenn man ihnen nahebringen will, daß beim Gericht unser ganzes Leben uns selber so erscheinen wird, wie es wirklich ist und wie es vor Gott ist, und daß wir alle, auch die Anständigsten und Tugendhaftesten, schreien werden: „Herr, erbarme dich!“ Und daß wir alle auf das Erbarmen Gottes angewiesen sind.

Es ist nun einmal so, daß wir Menschen Beziehungen stören und zerstören können (Sünde), aber wir können sie aus eigener Kraft nicht wiederherstellen. Dies gilt auch für den zwischenmenschlichen Bereich. Auch hier kann ich Beziehungen zerstören, aber wenn ich sie wiederherstellen will, bin ich darauf angewiesen, daß *es* glückt; ich kann Beziehungen nicht so reparieren, wie ich ein technisches Gerät repariere. Technische Vorgänge beruhen auf den Naturgesetzen, die ich weitgehend handhaben kann. Das Beziehungsgeschehen beruht auf Gnade und Erbarmen, das ich gewiß beeinflussen, aber nicht handhaben kann. Das Wort „Gnadenlohn“ bringt diese Doppelstruktur zum Ausdruck: Ich muß mich anstrengen; „nur die Gewalt gebrauchen, reißen das Himmelreich an sich“, das Himmelreich ist Lohn, aber gleichzeitig und eigentlich bleibt es Geschenk, Gnade. Darin liegt die Zumutung: Ich muß mich anstrengen, aber dadurch erwerbe ich kein Anrecht. Ich „muß“ letztlich doch auf Gott *vertrauen*! Die Heilsgewißheit für mich und für alle Menschen liegt bei Gott und nicht auf seiten der Menschen. Dies ist an sich viel tröstlicher und entlastender, als wenn sie bei mir läge. Aber dieser Trost wird mir erst zuteil, wenn ich mich in die Arme Gottes fallen lasse und auf das Selber-machen-Wollen im Bereich meiner Existenz verzichte.

Hier wird erneut deutlich, wie verhängnisvoll, tragisch und boshaft es ist, wenn Menschen Gottesangst und ein gnadenloses Gottesbild verbreiten, oft nur um Macht auszuüben oder um die eigene Angst durch Ausbreitung zu verallgemeinern und so zu dämpfen. Besonders tragisch ist es, daß auch in den Kirchen immer noch soviel Angst verbreitet wird. Wo keine Angst mehr verbreitet wird, ist aber noch nicht gesagt, daß die Impulse zum Vertrauen, zu Glaube, Hoffnung und Liebe gesetzt werden. Hätte besonders die katholische Kirche in ihren Symbolen und in ihrer Liturgie nicht die untrüglichen Zeichen der Hoffnung, die zum Vertrauen ermuntern, dann wären wir oft ganz allein gelassen. Die Attraktivität unseres Glaubens wird zu wenig gezeigt und gesehen. Darum wenden sich so viele Menschen ab, die gerade diesen Gott der Erbarmung und den Gott allen Trostes suchen und brauchen. Wenn der Grundvollzug des Lebens das Vertrauen ist („Urvertrauen"), sind von hierher im Prinzip alle anderen Probleme lösbar. Die Selbstsicherheit des Pharisäers ist eben gerade nicht dieses Urvertrauen, und deshalb ist sie nicht in der Lage, das Problem der Angst und damit das eigentliche Problem der Sünde zu bewältigen. Der Psychologe spricht auch vom Urvertrauen, und damit ist er am springenden Punkt unseres Lebens und unserer Existenz. Von ihrem Selbstverständnis her fehlt aber in der Psychologie der Zugang zum lebendigen, liebenden Gott, der ja der tiefste Grund meines Vertrauens ist. Vom Standpunkt des Glaubenden aus betrachtet, fehlt der Psychologie ein Bereich, der zu den Vorgängen des Vertrauens wesentlich dazugehört: Gott. So wertvoll und hilfreich die Erkenntnisse der Psychologie auch sein mögen, sie bleiben zu einer letzten Vergeblichkeit verurteilt, wenn Gott fehlt. Es ist heute vordringlich, daß sich Theologie und Psychologie vereinen. Aber vom Selbstverständnis der Wissenschaften her gesehen, ist es wohl noch ein weiter Weg zu einer theologischen Psychologie und einer psychologischen Theologie.

● Bemerkenswert ist schließlich noch die Begrenzung des pharisäischen Menschen sich selbst gegenüber und damit auch allen anderen gegenüber. Er kann sich selbst nicht mehr so nehmen, wie er ist, ohne Vorbewertung und ohne Vorurteil sich selbst gegenüber. Dadurch, daß er seine Identität selbst schafft, zwingt er sich selbst unter den Maßstab des Gesetzes. Er muß sich sehen unter den Maßstäben des Gesetzes und kann sich nicht mehr so sehen, wie er vor Gott ist, d.h., wie er wirklich ist in seiner Größe und Niedrigkeit. Dies erklärt auch die Tatsache, daß viele Menschen, die moralisch tadellos leben, plötzlich in eine Situation kommen, in der sie „sich selbst nicht mehr kennen". Wie so etwas praktisch aussehen kann, haben wir beim „Besessenen von Gerasa“ betrachtet. Es gibt Menschen, die andere in ihrer Wut und in ihrem Haß vernichten, doch gleichzeitig fühlen sie sich im Recht und als Martyrer, die ungerecht verfolgt werden. Sie fühlen sich als Opfer der Bosheit, aber nicht ihrer eigenen, sondern der der anderen. Das ist die Tragik des pharisäischen Menschen, daß er sich je nach Persönlichkeitsstruktur buchstäblich zu Tode ärgern kann und „muß“, weil er vor allem für sich selbst kein Erbarmen hat. Für andere hat der Pharisäer nur Erbarmen, wenn er es für gerechtfertigt hält und als gute Tat buchen kann. Die Maßstäbe, denen sich der pharisäische Mensch unterwirft, müssen natürlich absolut und objektiv gelten, sonst kann er – wie schon beschrieben – seine Identität (Scheinidentität!) nicht finden. Darum müssen die Gesetze für alle gelten: Um mich zu retten, muß ich die anderen meinen Gesetzen unterwerfen. So wie ich mich in meiner pharisäisch-unerlösten Struktur nur durch die Brille des Gesetzes sehen kann, muß ich auch meine Mitmenschen durch diese Brille betrachten. Diese Einstellung findet ihren Ausdruck in der Weise, wie wir miteinander umgehen und wie wir unsere Anerkennung äußern: Dies ist ein „guter Ehemann“, ein „guter Priester“, eine „vorbildliche Ordensfrau“ usw. Was ist schon ein „guter Ehemann“!? Einer, der alles „richtig macht“ und seine Angehörigen durch seine „tadellose“ Herzlosigkeit quält!? Die höchste Auszeichnung, die ein Urteil beinhalten kann, ist das „Ecce Homo“ – Seht da, ein wahrer Mensch! Dieses Prädikat ist an sich für jeden Menschen möglich: für den Ehemann wie für die Ordensfrau, für den Sünder wie für den Tugendhaften ... für jeden, der sich so nimmt, wie er vor Gott ist, der bereit und demütig genug ist, sich so anzunehmen, wie er ist und wie ihn Gott liebt.

Aus diesen Einsichten heraus kann man nicht genügend warnen vor falschen Identifikationen. Meine letzte und eigentliche Identifikation (Selbstfindung) muß immer die im Glauben und im Vertrauen bleiben. Wenn ich mich mit meinem Lebensstand oder mit meiner Lebensform identifiziere, führt das notwendig zu den beschriebenen Konflikten. Natürlich muß die Ehelosigkeit, die Ordensregel oder irgendwelche andere Lebensregel „das Meine“ sein. Aber das darf nicht bedeuten, daß ich meine Identität und mein Stimmigkeitsbewußtsein wesentlich von der Stimmigkeit mit der Lebensform und den dazugehörenden Regeln und Geboten herleite.

*„Alles gehört euch, ihr aber gehört Christus, und Christus gehört Gott“* (1 Kor 3,23).

Es geht immer wieder um dieselbe ganz einfache Frage: Wem „gehöre“ (ge-höre) ich? Wenn ich Gott gehöre, kann ich niemandem sonst und nichts anderem gehören, auch keinem Gesetz. Der Gotthörige beobachtet das Gesetz, seine Lebensform mit ihren Regeln, aber er ist all dem nicht mehr unterworfen. Er ist frei. Je gotthöriger ein Mensch ist, desto freier ist er. Wahre menschliche Freiheit ist immer die Frucht des Geistes, auch wenn die Worte „Gott“ und „Vertrauen“ nicht ausgesprochen werden. Eine Familie, eine Ordensgemeinschaft oder irgendeine menschliche Beziehung wird in dem Maße gedeihen und erblühen, als die zueinander Gehörenden „Angehörige Gottes“ sind. Wenn ich Gott gehöre, brauche ich keinen Menschen mehr zu fürchten. Ich bin unabhängig vom Urteil der anderen, der Gesellschaft. Und wenn mich alle verurteilen, weil sie mich vielleicht nicht verstehen können oder wollen, – vernichten können sie mich nicht. Auch hier gilt für den Vertrauenden: Gott kann für mich nur alles sein oder nichts. Gott allein genügt.

## 3. Vertrau auf Gott!

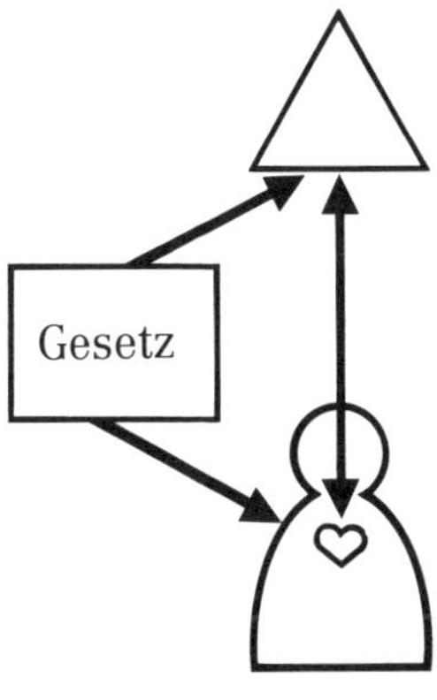


Diese Symbolzeichnung soll schließlich das Ziel darstellen, dem alle menschlichen Reifungsprozesse zustreben. Vollkommen werden wir dieses Ziel auf Erden nicht erreichen, aber so weit können wir gelangen, daß unser Leben überwiegend vom Vertrauen getragen wird. Die Skizze macht deutlich, daß die Beziehung zu Gott nur eine *unmittelbare* Beziehung von Du zu Du sein kann. Diese Beziehung ist an keine Bedingung geknüpft, sie verlangt aber – „nur“ das Herz des Menschen. Die Liebe Gottes und die Liebesfähigkeit des Menschen sind die tragenden Säulen dieser Beziehung. Der Mensch

vertraut Gott, er traut sich Gott an. Und Gott vertraut dem Menschen, er traut sich dem Menschen an und gibt sich in seine Hand. (Gottes Vertrauen zum Menschen wird noch eigens zu betrachten sein!)
Jeder Mensch darf auf Gott vertrauen, nicht nur die anständigen. Wer irgendwo noch ein bißchen Herz hat – und wäre es der größte Verbrecher –, kann und darf auf Gott vertrauen. Wir „verstellen" uns das Vertrauen immer wieder selbst durch das Gesetz. Wenn jemand sagt: „Du mußt die Gebote halten, dann darfst du auf Gott vertrauen", der zerstört das Vertrauen. Es muß so heißen: Du „mußt", kannst und darfst in jedem Fall auf Gott vertrauen; auch wenn dein Leben, an den Geboten gemessen, überhaupt nicht stimmt, dann wirst du irgendeine praktische Lebensmöglichkeit finden, dann wird dein – wenn auch noch so verfahrenes – Leben sinnvoll, dann werden dir auch die Gebote zur Lebenshilfe. Wenn du Gott vertraust, wirst du dankbar sein für die Gesetze und Gebote, aber du wirst von innen her erkennen können, was dein Leben und was das Deine ist. Und du wirst das Deine kraft des Vertrauens verwirklichen können. Du brauchst die Kraft des Gesetzes nicht mehr, die Paulus erkannt hat als die Kraft der Sünde, die nicht heilt und nicht rettet.

AUFGEHEN

Ich
habe nur mich,
ich
kann mich nicht fallen lassen.

Einer
hat sich fallen lassen:
Er ist
auf mich, in mich
hereingefallen.
Da habe ich mich fallen lassen
in die Erde, in Sein Grab, in seinen Tod,
und das Weizenkorn
ist aufgegangen.

*Denn das wird der Bund sein,*
*den ich nach diesen Tagen mit dem Haus Israel schließe*
*– Spruch des Herrn:*
*Ich lege mein Gesetz in sie hinein*
*und schreibe es auf ihr Herz.*
*Ich werde ihr Gott sein,*
*und sie werden mein Volk sein.*

*Keiner wird mehr den anderen belehren,*
*man wird nicht zueinander sagen: Erkennt den Herrn!,*
*sondern sie alle, klein und groß,*
*werden mich erkennen*
*– Spruch des Herrn.*
*Denn ich verzeihe ihnen die Schuld,*
*an ihre Sünde denke ich nicht mehr.* (Jer 31,33 f.)

Im Vertrauen auf Gott wird mich niemand mehr belehren können und belehren müssen; denn ich „weiß" es von innen. Ich brauche keinen Menschen mehr, der hinter mir steht; denn ich kann selber zu mir stehen, weil ich spüre, daß Gott zu mir steht. Gott ist auch größer als seine kirchlichen Einrichtungen: wenn die Institution nicht mehr zu mir steht und als begrenzte und begrenzende Einrichtung nicht mehr stehen kann, – Gott steht immer noch zu mir. Ich weiß das und spüre das in diesem Fall nicht mehr kraft der Institution, sondern kraft des Vertrauens und meiner Gottesbeziehung, an der ich natürlich immer arbeiten muß, wenn sie tragen soll. Woher soll eine verzweifelte Frau oder ein verzweifelter Mann, die es beim Ehepartner (aus vielen einleuchtenden oder nicht einleuchtenden Gründen) nicht mehr aushalten können, wissen, was sie tun sollen oder tun müssen, wenn nicht in ihrem Innersten, das in der Vertrauensbeziehung zu Gott steht!? Kein anderer Mensch und kein Gesetz kann mir sagen, was ich tatsächlich in meiner verzweifelten Situation zu tun habe. Das kann nur mein von Gottvertrauen und Liebe erleuchtetes Herz wissen.

Durch den Propheten beteuert Gott selbst, daß die Schuld für Gott kein Hindernis ist, auf den Menschen zuzugehen. In Jesus Christus ist Gott höchstpersönlich ohne Rücksicht auf die Bosheit der Menschen auf den Menschen zugegangen, damit sich der Mensch zu vertrauen traut. Bei so viel Liebe traue ich mich auch zu vertrauen!

Das Gottvertrauen wird uns auch verstellt durch das Gottesbild des „fordernden" Gottes. Gewiß steht besonders im Alten Testament Gott oft fordernd, ja geradezu drohend vor uns. Aber sehen wir genau zu, *was* Gott fordert. Wir erkennen, es ist immer dasselbe: Gott „fordert" Vertrauen. Vertrauen kann man aber nicht „erfordern", auch Gott nicht. Er kann mir nur durch seine Liebe zeigen, daß mein Vertrauen zu ihm „erforderlich" ist, damit ich glücklich werde. Im Gesamtbefund der Taten Gottes, den Tod Jesu eingeschlossen, erscheinen die „Forderungen" Gottes als die äußerste Form eines inständigen Flehens: Laß dich doch endlich lieben! Begreif doch endlich, daß ich nie aufgehört habe, dich zu lieben! Geh doch endlich ein auf meine Liebe! „Was hätte ich dir mehr tun sollen und tat es nicht?"

**„Hoffe auf den Herrn und sei stark!"** (Ps 27,14)

*„Die Hoffnung läßt nicht zugrunde gehen"* (Röm 5,5).
Sinnverwandt, wenn nicht sinngleich mit Gottvertrauen ist das Auf-Gott-Hoffen. Das Wort „hoffen" erschließt die Vorgänge, die beim Vollzug des Hoffens ins Spiel kommen. Hoffen kommt von „hoppen", hüpfen. Wenn wir den Vorgang „Hüpfen" meditieren, entdecken wir alles, was zum Hoffen gehört, was geschehen muß, damit Hoffen und Hoffnung entsteht. „Hüpfen" hat drei Phasen: 1. sich abstoßen, 2. in der Luft sein, nicht mehr und noch nicht wieder Boden unter den Füßen haben, 3. ankommen, wieder neu auf dem Boden stehen.

*(1) Sich abstoßen:* Gehen wir aus vom ruhigen Normalzustand des Lebens. Wir sind in Ruhe, haben keine Probleme, wir haben uns „eingerichtet" im Leben: Beruf, Familie, Wohnung – alles ist in Ordnung, wir sind zufrieden und wiegen uns in Sicherheit vor allen Problemen, die „die anderen" haben. Nun passiert es ganz einfach, daß durch irgendeinen Auslöser Unruhe in die friedliche Idylle getragen wird; plötzlich ist ein Problem da in meinem Beruf, in meinen Beziehungen, in meiner Ehe oder Ehelosigkeit. Zunächst versuche ich, das Problem zu verharmlosen, aber es meldet sich immer aufdringlicher. Ich versuche, es zu verdrängen oder mit Vernunft einzuordnen. Nun kann ich aber mit Vernunft nur Vernunftprobleme bewältigen. Lebensprobleme muß ich und kann ich nur durch Leben (durch Durchleben!) meistern. Das Problem bringt mich an eine Stelle in meinem Leben, an der ich

erfahre: So geht es nicht mehr weiter. Der Mensch tut zwar alles, daß es doch so weiter *geht,* damit er nicht *hüpfen* muß! Aber das Problem läßt nicht locker, es holt alle Kräfte aus mir heraus, bis ich nicht mehr kann, bis ich tatsächlich ausweglos einsehe: es *geht* nicht mehr, ich gehe zugrunde, wenn ich nicht hüpfe!

Nun kommt eine Risikoschwelle: der Absprung, das Loslassen. Das, worauf ich mich bisher „ver-lassen" habe, worauf ich mich niedergelassen habe (mein Boden, mein Lager, mein Stuhl), muß ich verlassen. Was mich bisher getragen hat, trägt nicht mehr. Ich *muß* hüpfen; Das Problem „zieht mir den Boden unter den Füßen weg". Hier wird eine ganz wichtige Funktion des Leides deutlich: Der Leidensdruck zwingt mich zum „Hüpfen", zum Aufbruch, den ich in meiner Bequemlichkeit von mir aus nie vornehmen würde. Hier ist auch das Meditieren des Wortes „entsetzen" („ent-setzen") hilfreich. Das Entsetzliche in meinem Leben enthält den Impuls zum Ent-setzen: Ich muß aufstehen, loslassen, ich kann nicht behalten, worauf ich ver-sessen bin und was ich besitze.

Freilich ist das Leidproblem nicht gelöst mit diesem Hinweis, aber es kann schon sehr hilfreich sein, wenn ich das Leid als grundsätzlich zum Leben gehörig betrachte, als eine Kraft, die mein Leben und meine Entwicklung vorantreibt. Das Leben geht ja nicht gradlinig voran, sondern in Sprüngen. (Man kann dieses Hüpfen-Müssen auch verstehen im Sinn der dialektischen Sprünge in der Hegelschen Philosophie: These, Antithese, Synthese.)

Beharren und verändern ist ein Gegensatzpaar ein und derselben Lebenswirklichkeit. Ich muß fähig sein zum Beharren und zum Verändern. Ich brauche die Gewöhnung; auf der Gewohnheit beruht meine Verhaltenssicherheit. Ich brauche die Veränderung; auf der Veränderung beruhen Fortgang und Reife meines Lebens. Im Spiel mit dem Wort „gewöhnen" tritt diese Lebenswirklichkeit faszinierend zutage: Ich lasse mich nieder, ich *wohne* – ich *habe* gewohnt und *bin* nun alles gewohnt – ich bin gewöhnt an alles, an dich, an mich, an unsere festen Bräuche – auf einmal „paßt" es mir nicht mehr, ohne besonderen Grund – das Gewohnte und Gewöhnte wird auf einmal unerträglich: ich habe mich „ver-wohnt", ich bin verwöhnt – nun muß ich loslassen, herausgehen, neu hineingehen, mich entwöhnen und wieder neu gewöhnen. Auch wenn man „beim alten" bleiben will, ist dieses „Bleiben" nur möglich, wenn man immer wieder *neu* ans Alte herangeht. Dies ist der Pulsschlag des Lebens! Am Alten (am „alten" Freund, Partner, Beruf, an der „alten" Lebensform und

Lebensweise) wird man immer wieder Neues entdecken können, wenn man sich neu zuwendet. Wenn Menschen ihren ganzen Reichtum gegenseitig entdecken wollen, müssen sie immer wieder loslassen und sich neu einander zuwenden.
Das Schwierige und Unangenehme an dieser ersten Phase des Hoffens ist das Risiko des Loslassens: Ich muß eine Schwelle überschreiten. Ich weiß, die bisherige Sicherheit und Geborgenheit habe ich jetzt dann nicht mehr. Und eine neue Sicherheit ist noch nicht da, so daß ich einen bruchlosen Übergang ins Neue hätte. Es kommt der Moment der zweiten Phase:

*(2) „Ich hänge in der Luft“,* ich habe *nicht mehr* und *noch nicht,* ich habe nichts als mich selber. Beim Hoffen bin ich ganz allein mit mir; ich habe nichts, „keinen Ort, wohin ich mein Haupt legen könnte“. Ich gehöre im Augenblick nirgends hin, ich gehöre nur mir selbst. Wenn ein Mensch in seinem Leben die Augenblicke und die Phasen des Alleinseins grundsätzlich verweigert, bleibt er „hoffnungslos“ rückständig und gelangt nicht zur Selbsterfahrung und zur Lebenserfahrung. Es gibt zwei Kräfte, die mir Mut zum Hoffen („Hüpfen“) machen: Der Leidensdruck schiebt; wenn mir „der Boden zu heiß wird“, muß ich weg. Die andere Kraft ist die „Zu-ver-sicht“, die Ahnung, daß das Leben letztlich immer stimmt. Wenn auch das Leben nicht bequem ist und auch nicht nur gut ist, so wie wir nun einmal das Wort „gut“ geprägt haben. so ist es doch *recht,* „gut“ im göttlichen Sinn. („Gut“ im göttlichen Sinn ist die Einheit, die Harmonie dessen, was wir Menschen gut *und* böse nennen!) – Gott ist Liebe, Gott ist die Liebe. Das ist die Zugkraft, die mich immer wieder hoffen läßt.

*(3) Das An-kommen.* Der Hoffende hofft *auf* etwas. Der Hüpfende kommt wieder neu auf den Boden zurück. Dabei kann es das alte Stückchen Boden sein, auf das ich hüpfe, es kann aber auch ein ganz anderer neuer Boden sein, „auf den ich nun meinen Fuß setze“. Es kann aber auch geschehen, daß ich keinen Boden mehr unter die Füße bekomme: daß ich *falle.* Ich falle in den Abgrund. Ich komme erst ganz unten an. Ich falle, – ich „gehe“ – zu-grunde. Ich „lande“ am Grund, am „Boden der Realitäten“, am Grund aller Gründe: Ich „lande“ bei Gott, in Gott.
Nun ist aber das Landen im Abgrund meistens verbunden mit einem harten Aufschlag, bei dem vieles zerbricht. Vielleicht zerschellt sogar alles. Dies ist das zweite Risiko beim Hoffen: das Risiko des Ankommens; ich weiß nicht, ob ich wie erwartet

ankomme, und ich weiß nicht, *wie* ich ankomme, wie mir das Ankommen bekommt. Wie soll ich hoffen, wenn ich doch am Ende zerschelle! Hier wird die Funktion des Glaubens beim Hoffen deutlich. Aus dem Glauben weiß ich, daß es immer einen allerletzten Grund und Boden gibt, auf dem ich landen werde. Aus den Erfahrungen, daß ich bis jetzt immer irgendwie gut gelandet bin, gewinne ich den festen Glauben, daß es einen allerletzten festen Grund gibt, der in allen Böden wirkt, auf denen ich bis jetzt gelandet bin; einen Grund, der alle Gründe trägt, einen Boden, der alle Böden trägt und zu „Böden" macht. Dies ist der „Hoffnungspunkt" im Vorgang des Hoffens. Ähnlich ist es mit der Hoffnung des Weitergehens: Aus der Erfahrung, daß bisher immer alles weitergegangen ist, gewinne ich den Glauben, daß immer alles weitergeht, und ich traue mich zu hoffen, auch wenn irdisch gesehen kein Grund mehr zur Hoffnung besteht.

Man muß den Ausdruck „auf Gott hoffen" zweimal meditieren: einmal mit der Betonung „auf Gott *hoffen*", und zum andern „auf *Gott* hoffen". Die erste Betonung ermahnt und ermuntert zum Vorgang und zum Wagnis des Hoffens. Die zweite Betonung stellt das Ziel und den letzten Grund meiner Hoffnung in den Vordergrund. Wenn ich auf Gott hoffe, dann ist es gewiß „drin", daß ich vielleicht einmal mehr oder weniger beim „Landen" zerschelle. Dieses Zerschellen ist schrecklich, und die Furchtbarkeit des Scheiterns soll hier keineswegs verharmlost werden. Aber es ist doch nicht alles. Wenn ich auf *Gott* hoffe, dann enthält diese Hoffnung den Glauben, daß beim Zerschellen nicht *ich* zerschelle, sondern daß nur das zerschellt, was ich für die neu gewonnene Form des Daseins nicht mehr brauche. Das Hoffen auf Gott durchdringt alle Tode meines Lebens, auch den letzten Tod, bei dem ich die Körperlichkeit meines Daseins aufgebe. Das historische Erfahrungsmodell für dieses Hoffen ist Leben, Tod und Auferstehung Jesu. Im naturalen Bereich ist es das Stirb-Werde-Modell, das uns das Prinzip Hoffnung nahebringt: „Auf jeden Dezember folgt wieder ein Mai!" Viele naturale Vorgänge werden zum Symbol der Hoffnung, z.B. das Ei (Osterei): Was zerbricht, ist immer nur die Schale, und es gibt kein Zerbrechen, aus dem nicht neues Leben schlüpft.

Das Ankommen und „Landen" im Vorgang der Hoffnung ist schließlich noch zu betrachten unter dem Gesichtspunkt des Da-Seins. Im Augenblick, in dem ich ankomme, erlebe ich mein *Da*-Sein. Ich erlebe, daß es mich gibt. Dieses „*Es* gibt mich" kann zur

Stelle werden, an der mir aufgeht: *ER* gibt mich (mir). Gott, Du bist mein Ich-bin-da, wenn ich erleben darf, daß ich da bin und daß es mich gibt.

**Trau dich zu trauen!**

Wenn wir uns selbst und den Menschen überhaupt betrachten, wird sichtbar: Der Mensch *muß* vertrauen; ich kann ohne Vertrauen und Hoffen nicht leben. Wenn ich dazu die „Forderungen" Gottes, die ich aus meiner Glaubensgeschichte kenne, betrachte und beherzige, werde ich nochmals aufgefordert: Du mußt vertrauen. An der Notwendigkeit des Vertrauens besteht kein Zweifel. Aber je mehr mir die Notwendigkeit des Vertrauens bewußt wird, gerade in den Heillosigkeiten und Ausweglosigkeiten meines Lebens, desto weniger kann ich vertrauen.
Vertrauen kann man nicht, weil man vertrauen muß. Das sind ja die Eingesperrtheiten des Lebens, daß ich etwas tun muß, was ich nur tun kann, wenn ich es nicht tun *muß*. Die Psychologie spricht hier von der Sei-spontan-Paradoxie. Ich kann nur vertrauen, wenn ich nicht vertrauen muß, sondern vertrauen *darf*. Aus der Lebenserfahrung und Lebenseinsicht und aus den „Forderungen" Gottes gewinne ich das „Maß" des Vertrauens. Das blockiert aber mein Vertrauen mehr, als daß es mein Vertrauen ermöglicht. Es muß also eine viel stärkere und eine andere Möglichkeit geben, die mich zum Vertrauen bewegt und meine Spontaneität weckt. Diese Wirklichkeit ist Gott selbst. Gott weckt mein Vertrauen, aber nicht der Gott der Forderungen! Den Gott der Forderungen muß ich zurückstellen. Diesen Gott gibt es auch, aber er steht ganz im Schatten des Gottes der *Ermöglichungen*.
Den Gott der Ermöglichungen haben wir schon kennengelernt als „das Liebe" in der Liebe, als „das Nahe" in der Nähe, als „das Heilende" in jeder Heilung, als das „Kommunizierende" in der Kommunikation und als das „Identifizierende" in meiner Identifikation und Selbstfindung. Wer sich auf diesen Gott einläßt und die Beziehung zu diesem Gott in seiner Lebensordung durch Fasten, Feiern und Beten pflegt, dem werden die „Forderungen" dieses Gottes nicht mehr als autoritäre Appelle erscheinen, sondern als Impulse, die uns helfen wollen gegen die Bequemlichkeit und Selbstbezogenheit, die unser Leben immer wieder gefährden. Wenn die Großartigkeit unseres Gottes genügend in meinem Leben aufgegangen ist, kann ich es wagen, ihm auch im Leid zu

vertrauen, also genau an den Stellen im Leben, wo ich seine Großartigkeit nicht sehen und spüren kann.
Unsere Konsumhaltung zerstört die Vertrauensfähigkeit dadurch, daß wir die vielen großen und kleinen Freuden, die uns das Leben schenkt, in primitiver Gier verbrauchen, ohne daß wir uns bewußtmachen, daß es die Liebe Gottes ist, die uns erfreuen und beleben will mit jedem Atemzug, in jeder Blume, in jedem Bissen Brot, in jedem Schluck Wein, in jeder Begegnung ... Stumpfsinnig verbrauchen wir unser Leben und gehen freudlos irdisch zugrunde mitten im Wohlstand und in der Fülle der Liebe.

Ein weiterer Grund unseres Vertrauensmangels ist die Außenorientiertheit unseres Lebens. Wir sind zu *exoterisch*. Die Freude, das Gotterleben, kommt nie von außen, sondern nur von innen. Die Freude kommt *durch* äußere Dinge und Vorgänge, aber sie kommt nicht *von* außen. Die Freude kommt eigentlich auch nicht von innen, sondern von oben; aber das „Innen", mein Herz, ist der Ort, wo ich die Freude empfange und spüre. Wer die Freude von der Stimmigkeit der äußeren Verhältnisse erwartet – daß in der Kirche, in der Gesellschaft, in meinem Beruf und im Sozialbereich alles stimmt –, der wird sich nie freuen können. Ich darf meine Freude und Begeisterung an Gott niemals abhängig machen von den äußeren Bereichen der Kirche, von Institution, Moral und Doktrin, sonst kann ich mich nie über Gott freuen. Die Kirche als Institution hilft mir nicht zum Gottvertrauen. Aber umgekehrt hilft mir das Gottvertrauen, die institutionellen Seiten der Kirche richtig zu sehen und so einzuschätzen, daß ich das Institutionelle als menschlich *notwendiges Übel* schätzen und bejahen kann. Gottvertrauen ist die Grundlage und die Voraussetzung, daß ich auch in allen anderen Lebensbereichen trauen und vertrauen kann.

– Wenn ich Gott vertraue, kann ich auch *mir* und *mich* trauen. Ich kann es wagen, Entscheidungen und Verantwortung für mein ganzes Leben zu übernehmen (Freundschaft, Ehe, Ehelosigkeit, Gelübde). Die Garantie und Sicherheit für meine Entscheidung liegt nicht mehr bei mir, sondern bei Gott. Und Gott gibt immer *mehr,* als ich erwarte, und meistens etwas ganz *anderes,* als ich es mir vorstelle. Ich darf nur nicht erwarten, daß das „Gute", das mir Gott gibt, immer das Angenehmere und Bequemere ist. Die Liebe hat ihre bequemen und lustvollen Augenblicke und Phasen, aber sie ist ihrem Wesen nach alles andere als bequem. Sie ist auch

nicht unbequem; das Unbequeme ist auch nur eine „Begleiterscheinung“ der Liebe. Liebe, Vertrauen und Gotteserfahrung liegen auf einer anderen Ebene, auf einer tieferen Seinsschicht als bequem und unbequem, angenehm und unangenehm, gut und böse.
Wer die Garantie und den Grund des Vertrauens bei sich selber sucht, der *kann* nur bedingt und vorläufig entscheiden und vertrauen; der ist auch verschlossen gegenüber der Fülle des Lebens, die Gott gibt und die mein Planen übersteigt. Wer wirklich auf Gott vertraut, dem kann auch eine Ehe (oder Ehelosigkeit) glükken, die nach menschlichem Ermessen und nach psychologischen Gutachten nicht glücken kann. Umgekehrt gilt auch: Wer auf Gott vertraut, der kann sich auch von einer lebenumgreifenden Entscheidung trennen, wenn Gott (in den Erfahrungen des Lebens) mir zeigt, daß die Entscheidung nicht die meine war. In den lebenumgreifenden Entscheidungen entscheide ich ja nicht in Absolutheit über den äußeren Verlauf meines Lebens; ich entscheide mich in Absolutheit für Gott, von dem ich dann das konkrete Was und Wie meines äußeren Lebenslaufes erhalte. Manche Menschen müssen ein paarmal „daneben“-entscheiden und „daneben“- vertrauen (sich „ver“-trauen und sich „ver“-lieben im Sinn von „fehl“-trauen und „fehl“-lieben!), bis ihnen aufgeht, daß man sich erst trauen kann, wenn man Gott vertraut. Wer Gott vertraut, dem ist nichts unmöglich, dem gereicht alles (auch eine mißglückte Ehe, Ehelosigkeit, Berufsentscheidung usw.) zum besten!

> *Als die Jünger mit Jesus allein waren, wandten sie sich an ihn und fragten: Warum konnten denn wir den Dämon nicht austreiben? Er antwortete: weil euer Glaube so klein ist. Amen, das sage ich euch: Wenn euer Glaube auch nur so groß ist wie ein Senfkorn, dann werdet ihr zu diesem Berg sagen: Rück von hier nach dort!, und er wird wegrücken. Nichts wird euch unmöglich sein.* (Mt 17,19 und 20)

– Wenn ich Gott vertraue, kann ich auch Menschen trauen, Menschen können mich nie mehr total enttäuschen, weil ich ja bei allem echten Menschenvertrauen nicht meine Existenz auf Menschen setze. Es entspringt unserer angeborenen Habgier, daß wir alles selber *haben* müssen, und so setzen wir unser „ganzes Vertrauen“ oft lieber auf einen Menschen als auf Gott. Das ist zunächst bequemer und „vertrauenerweckender“, weil wir einen

Menschen leichter haben und „be-sitzen“ können als Gott. Wer Gott hat, hat alles, – aber er *besitzt* gar nichts. Wer Gott hat, ist der reichste und ärmste Mensch zugleich. Er hat „den besten Teil erwählt, der wird ihm nie genommen werden“.

Wer sein ganzes Vertrauen auf Menschen setzt (etwa im „Ehe-Versprechen“ oder einem anderen Versprechen), dem hat der Prophet Jeremia Knallhartes zu sagen: „Verflucht der Mensch, der auf Menschen vertraut, auf schwaches Fleisch sich stützt und dessen Herz sich abwendet vom Herrn. Er ist wie ein kahler Strauch, der nie Regen kommen sieht, er bleibt auf dürrem Wüstenboden, im salzigen Land, wo niemand wohnt“ (Jer 17,5).

Wenn ich mit Gottvertrauen den Menschen traue, bin ich nicht nur vertrauend, sondern auch vertrauenerweckend. Mein Vertrauen macht dem anderen keine Angst mehr, weil er spürt, er wird von mir nicht in „Haftpflicht“ genommen; wenn er mich enttäuscht und enttäuschen muß, gehe ich nicht zugrunde, weil ich letztlich nicht in ihm, sondern in Gott verwurzelt bin. Durch mein von Gottvertrauen getragenes Menschenvertrauen mache ich dem andern das Vertrauen möglich. *Ich* mache den andern treu durch mein Vertrauen! Wenn mich ein Mensch enttäuscht und mir „untreu“ (= un-trauend) wird, muß ich zuallererst mich selber fragen: *Wie* habe ich ihm vertraut? Welcher Art war mein Vertrauen, so daß mein Vertrauenspartner, der ja nicht Gott ist (!), untreu werden konnte und vielleicht mußte?

– Wenn ich Gott vertraue, dann kann und darf ich auch dem vergänglichen Leben trauen: dem Augenblick, der Schöpfung, der Natur und allen ihren Vorgängen. Ich darf das, was sich auch von außen her als das Meine anbietet, als das Meine nehmen. Ich darf meine Wünsche und Bedürfnisse alle haben. Im Vertrauen auf Gott sind meine Wünsche und Bedürfnisse und deren Erfüllung nicht mehr die *Bedingung* meines Glücks, sondern die *Gelegenheit,* (durch Gott) glücklich zu werden. Gott gab mir die Bedürfnisse nicht, damit ich dafür und davon lebe, sondern daß ich *durch* sie lebe im Beschenktsein von Gott. Im Vertrauen auf Gott darf ich den Sinnen trauen. „Kein Falsches lassen sie mich schauen, wenn mein Vertrauen (bei Goethe: Verstand) mich wach erhält“ (Abwandlung eines Goethe-Zitates).

Dem Gottvertrauenden werden die Augenblicke des Lebens zu den Stellen, an denen Gott einsickert ins Leben. Jede „Gegenwart“, jeder Moment, in dem ich gerade lebe, das, was gerade ist, – ist das Meine, das, was Gott mir gibt. Darin liegt *meine* Chance, die Möglichkeit, mich und das Meine zu finden.

## Trau dich zu vergeben!

Bevor wir uns der vielfältigen Bedeutung von Vergebung im Leben zuwenden, wollen wir die Grunderfahrung ins Auge fassen, aus der das Wort Vergebung und vergeben entstanden ist. Zunächst: Was ist eine „Gebung"? Wenn ich dir etwas gebe, so ist dies eine „Gebung"; wenn du es weitergibst oder gar mir wieder gibst, dann *wird* es oder *ist* es *ver*-geben. Wenn du mir meine Gabe zurückgibst (vielleicht auch in anderer Form), dann ist sie etwas anderes geworden; sie ist *mehr* geworden durch dich, durch deine Liebe. Vorausgesetzt, du hast meine Gabe *angenommen.* Wenn du meine Gabe zurückgibst, ohne daß du sie angenommen hast, ist sie natürlich nicht „vergeben" und nicht „mehr" geworden, sondern weniger. Wenn du meine Gabe ablehnst, dann ist die Gabe als Gabe, das Geschenk als Geschenk, zerstört.

Vergebung ist dort, wo sich Menschen beschenken, Dies ist nicht zu verwechseln mit dem an sich sinnlosen bloßen *Austausch* von Geschenken. Wenn ich eine Gabe wirklich annehme, dann gebe ich auch zurück, durch meine Freude, mein Interesse, mein Offensein. Echtes Nehmen ist immer ein Geben! „Geben ist seliger als Nehmen" ist hier so zu verstehen: Durch das Geben wird das Nehmen selig. Wenn ich dir etwas geben *darf,* dann empfange ich von dir dein Annehmen. Ich gebe mich dir, und indem du mich annimmst, empfange ich mich selber neu aus deiner Hand. Dies ist der tiefste Sinn, wenn wir sagen: „Gott vergibt alles"; ER ist der eigentlich Annehmende und Gebende in jedem echten Vergebungsvorgang. Jeder spürt das prickelnde Gefühl, das Risiko, das beim Geben (gemeint ist immer das schenkende – nicht das berechnende – Geben) spürbar wird. Daß eine Gabe, ein Geschenk, gelingt, kann ich eigentlich nicht machen. Geben, Nehmen, Schenken, Beschenktwerden ist alles Gnade. Im Gottvertrauen kann ich das Geben wagen. Ich vertraue, daß alles Geben ein Vergebungsgeschehen wird. Alle Sprichwörter, die zum Ausdruck bringen, daß man im Geben am reichsten beschenkt wird, gründen in dieser elementaren Lebenserfahrung.
Man kann auch ein Kind betrachten, das irgendeinen „Schatz" gefunden hat: eine Blume, ein Blatt, eine Kastanie ... Das Kind läuft zur Mutter und zeigt ihn ihr; wenn die Mutter den „Schatz" bewundert, angenommen, be-gut-achtet und bewertet hat, empfängt das Kind seinen Schatz wieder. Jetzt ist er erst ein richtiger Schatz.

*Sich vergeben*
Wenn ich mich als Geschenk erleben will, – damit ich mir selber zum Geschenk werden kann, muß ich mich hergeben. Ich kann mich selber erst empfangen, wenn ich mich hergegeben habe. Hier wird die Angst verständlich, sich her- und hinzugeben: Woher weiß ich denn, daß mich der annimmt und nicht ausbeuterisch kaputt macht, dem ich mich hingebe? Auch umgekehrt muß ich mich fragen: Woher weiß ich, daß ich den nicht ausbeute, der sich mir hingibt? Die Antwort ist wieder dieselbe: Wenn ich Gott vertraue, kann ich es wagen, mich hinzugeben; der andere kann mich nicht kaputt machen. Irgendwie werde ich immer reicher, auch wenn ich bei meiner Hingabe viele Enttäuschungen hinnehmen muß. Diese Ent-Täuschungen führen mich tiefer in meine eigene Wahrheit, tiefer in mich selbst und in Gott.

Was habe ich davon, wenn ich mich hingebe? Wer so fragt, verrät, daß er sich eigentlich gar nicht hingeben kann oder will. Er möchte die Garantie vorher haben, daß er etwas bekommt, und gerade das verhindert die Hingabe. Der Preis meiner Hingabe bin immer ich selbst. Doch kann ich mich nur absichtslos hingeben, eben im Vertrauen und nicht aus Berechnung. Statt „sich vergeben“ könnte man auch „sich opfern“ sagen. Aber in unserem Sprachgebrauch hat der Ausdruck „sich opfern“ oder „sich aufopfern“ einen üblen moralistischen Beigeschmack, der das Eigentliche und Wesentliche verdeckt: sich absichtslos entgegenbringen (offere = entgegenbringen). Jesus hat sich ja auch nicht *für* uns geopfert in dem Sinn, daß er dem himmlischen Vater ein grausames Gegengeschenk für die Grausamkeit der Menschen dargebracht hätte. Er hat sich *den* Menschen hingegeben. Echte Hingabe ist immer Hingabe an Gott und die Menschen zugleich.

Sofern Jesus sich als Mensch hingegeben hat, hat in ihm die Menschheit eine Stelle gefunden, wo sie hingebend geworden ist. So ist jede echte menschliche Hingabe ein Einswerden mit dem Opfer Christi genauso wie das Annehmen seiner Hingabe an uns Menschen. Durch Jesus ist die Menschheit in die Vergebung geraten. Wo sich Menschen opfern und hingeben, ist „das eigentlich Hingebende“ Gott. So wie Gott „das Liebe“ in der Liebe ist, so ist er auch „das Hingebende“ und „das Annehmende“ in der menschlichen Hingabe. In herkömmlicher Ausdrucksweise brachte man das so zur Sprache: Christus ist Opferpriester und Opfergabe zugleich.

*Schuld vergeben*

Es ist nicht mehr schwierig, vom Urvorgang des Vergebens her zu erfassen, was Schuldvergebung ist: Ich habe Schuld. Ich leide unter der Last von Schuld und Sünde. Ich erkenne schmerzlich (= Reue) meine Schuld. Ich gebe IHM meine Schuld. Ihm kann ich alles sagen, weil er alles weiß und weil ich weiß, er nimmt mich mit allem an. Er hat mich ja schon angenommen, aber in mich muß das Angenommensein in Schuld erst noch eindringen. So gebe ich IHM meine Schuld, indem ich das *Er*kannte ihm *be*kannt mache im Bekenntnis. Die Unterscheidung von öffentlichem und privatem Bekenntnis, von allgemeinem und speziellem Bekenntnis, ist für diese Betrachtung hier nicht wesentlich. *Ich* muß erfahren, daß Gott meine Schuld angenommen hat, darum „muß" ich sie bekennen. Er, das Lamm, das die Sünde und die Sünden der Welt nimmt und schon längst genommen hat! Aber ich muß es erfahren, damit ich mich in meiner Schuld annehmen kann! Er nimmt meine Schuld. Meine Schuld ist seine Schuld geworden. Er liebt, „be-liebt" meine Schuld. Er will nicht, daß ich schuldig werde. Aber weil ich nun einmal Schuld trage (tragische und ganz persönliche) und weil er mich mit allem, was ich habe, liebt, liebt er auch meine Schuld und nimmt sie an. Dadurch verschwindet der Sachverhalt meiner Schuld nicht. Ein Mörder bleibt auch nach der Vergebung ein Mörder. Aber er gibt mir den Sachverhalt (meinen Mord) zurück als einen von ihm angenommenen und als Schuld bejahten Sachverhalt. So wird der Sachverhalt der Schuld voll anerkannt, aber es wird ihm die erdrückende Last genommen. Gott gibt mir die von ihm aufgehobene Schuld zurück als glückselige Schuld, die ich nicht mehr zu tragen brauche, sondern die umgekehrt jetzt durch seine Liebe *mich* trägt. – Gnade über Gnade!

Jetzt kann auch ich Schuld annehmen, die Schuld meiner Mitmenschen, und vergeben. Ohne Gottvertrauen und ohne empfangene Vergebung habe ich Angst vor dem Verzeihen. Ich habe Angst, daß „ich mir etwas vergebe", wenn ich verzeihe und erbarmend bin. Im Vertrauen auf Gott „kann ich mir etwas vergeben". Wenn man den Ausdruck „sich etwas vergeben können" lange meditiert, erschließt er den Vorgang der Erlösung in seiner ganzen Tiefe.

# Wem traue ich?

## Überblick

*Thematik:* Gesetz, Freiheit, Liebe, Toleranz – Moral des Christen; An-Erkennung, Bestätigung, Identität, Vertrauen.
Den Überlegungen liegt im biblischen Bereich vor allem das Studium des Römer- und Galaterbriefes zugrunde.
*Grundwirklichkeit:* Jeder Mensch braucht An-Erkennung, Bestätigung für sich und für sein Handeln.
Der Mensch versucht, die „Selbst-Bestätigung" zu finden: aus sich selbst (vgl. III.), durch Übereinstimmung mit dem Gesetz (II.), in der lebendigen Beziehung zu Gott (I.).

Der menschliche „Standpunkt" ist eine Mischung aus diesen drei Standpunkten. Einstellung und Verhaltensweisen (Identität) sind verschieden, je nachdem, welcher Standpunkt vorherrscht. Ziel ist das Vorherrschen der Gottesbeziehung.

*I. SELBSTHÖRIGKEIT*

„Selbstdienst"

selbstgerecht
aus eigener Kraft
nach eigenem Maß

Ausschließliche Bindung an sich selbst (Autismus, Narzißmus, Selbstüberschätzung, Überheblichkeit).
*Selbstbestätigung* kommt aus dem Versuch, alle Sicherheit aus sich selbst zu gewinnen.
*Garantie* liegt ganz bei mir selbst.
*Kriterien:* Nur der eigene Vorteil, Gewinn, Nutzen und die eigene Einsicht. (Es fehlt Hingabe.)
*Folgen:* Anarchismus, Terrorismus, Intoleranz, absolute Rücksichtslosigkeit.
Entstehung von Subkulturen.

*II. GESETZESHÖRIGKEIT*

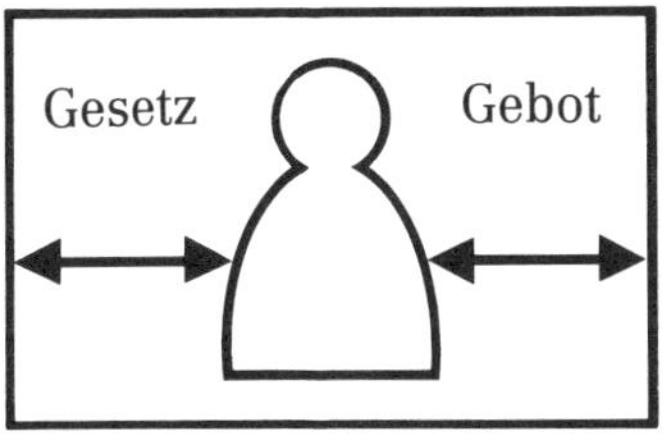


Gesetzesdienst

selbst-gerecht
aus der Kraft des
Gesetzes,
aus der „Kraft der Sünde“

Primäre Bindung an das Gesetz. *Selbstbestätigung* kommt aus der objektiv feststellbaren Übereinstimmung mit dem Gesetz: der „anständige“, gesellschaftskonforme, „richtig“ lebende Mensch. *Garantie* (Sicherheit des Rechtseins, Stimmigkeit, Identität) liegt beim Gesetz (Gebot), bzw. in der von mir herbeigeführten Übereinstimmung mit dem Gesetz. „Herz von Stein“. Die Gewissenserforschung überprüft die Übereinstimmung mit dem Gesetz (Geboteübertretung).

*Kriterien:* Buchstabe des Gesetzes.

*III. GOTTVERTRAUEN*

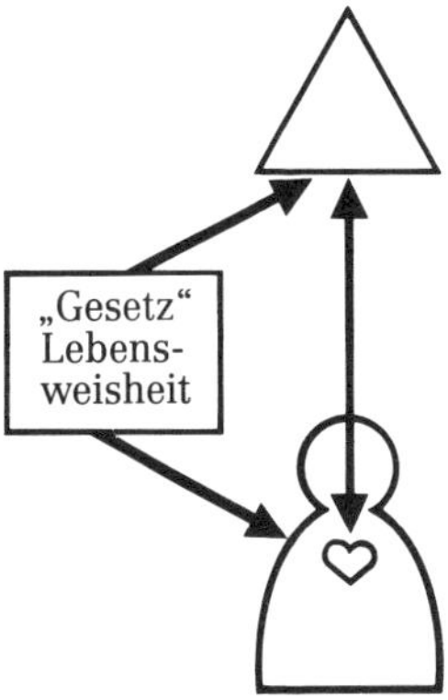


Gottesdienst;
„gerecht aus Gnade“.
„Nicht wer sich selbst
empfiehlt, ist bewährt,
sondern der,
den Gott empfiehlt.“

Lebendige Beziehung zu Gott; tiefste, tragendste *Bindung* der Liebe.
*Selbstbestätigung* wird erlebt im Vollzug der Beziehung selbst. Vgl. Ez 36,25–27: „Ich schenke euch ein neues Herz ...“
Gotteserfahrung, Lebenserfahrung, Liebeserfahrung sind oberste „Norm“ („Gesetz der Liebe“).
Verlangt sind: ständige Risikobereitschaft, ständige Selbstüberschreitung (Hingabe, „Opfer“), ständige Gewissenserforschung, ständige Bereitschaft, sich zu ändern, sich umzustellen (Buße und Umkehr).
Realisierung durch Gebet, Meditation und Praxis.

*Garantie* (Sicherheit) liegt beim anderen (Gott); ich habe sie nicht in meinem Griff; Vertrauen anstelle eigener Garantien.

*Kriterien:* „Früchte des Geistes“ (Gal 5,22): Liebe, Friede, Freude, Freundlichkeit, Langmut, Geduld, Treue, Sanftmut, Selbstbeherrschung.
*Folgen:* Befreiung von einem letzten Urteilen-, Beurteilen- und Verurteilen-Müssen. „Wenn ich dich nur habe, frage ich nicht mehr ...“ (Ps 73). „Die Liebe glaubt alles, hofft alles, erträgt alles“ (1 Kor 13). Alles verstehen können, auch wenn man nicht zustimmen kann. „Allen alles werden“ (1 Kor 18). Das Akzeptieren des anderen ist nicht mehr abhängig von dessen Verhalten. Toleranz („Feindesliebe“; Eltern-Kind-Probleme).
Das Gesetz wird voll bejaht als *Hilfe,* nicht aber als Ursprung der rechten Einstellung und des „rechten“ Handelns. („Wer mich liebt, hält meine Gebote“.)

## Zusammenfassung

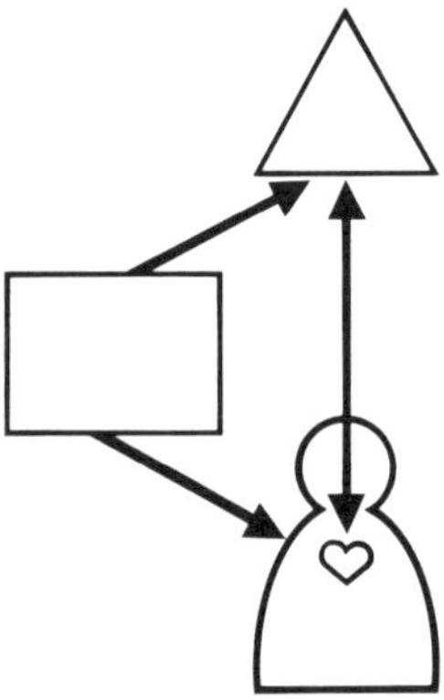

= über dem Gesetz, in Gott verankert
„e-norm“
„außergewöhnlich“
„außer-ordentlich“

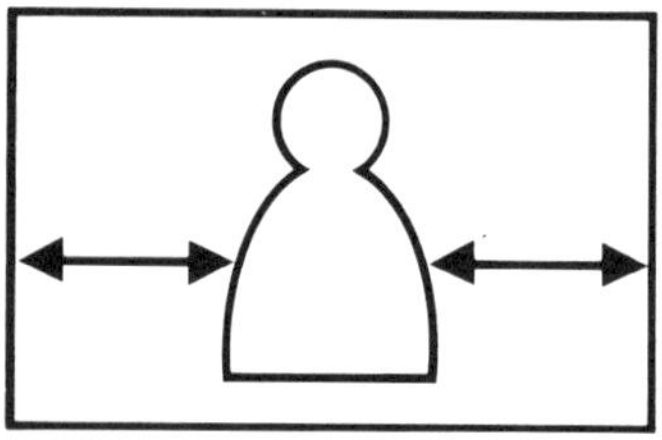

= im Gesetz verankert
„normal“
„gewöhnlich“
„ordentlich“

= gesetzlos, nur in sich selbst verankert
„ab-normal“
„un-gewöhnlich“
„un-ordentlich“

# Komm und folge mir!

Nachfolge Jesu (Lk 9,57–62)

*1)*
*Als sie auf ihrem Weg weiterzogen, redete ein Mann Jesus an und sagte: Ich will dir folgen, wohin du auch gehst. Jesus antwortete ihm: Die Füchse haben ihre Höhlen und die Vögel ihre Nester; der Menschensohn aber hat keinen Ort, wo er sein Haupt hinlegen kann.*

*2)*
*Zu einem anderen sagte er: Folge mir nach! Der erwiderte: Laß mich zuerst heimgehen und meinen Vater begraben. Jesus sagte zu ihm: Laß die Toten ihre Toten begraben; du aber geh und verkünde das Reich Gottes.*

*3)*
*Wieder ein anderer sagte: Ich will dir nachfolgen, Herr. Zuvor aber laß mich von meiner Familie Abschied nehmen. Jesus erwiderte ihm: Keiner, der die Hand an den Pflug gelegt hat und nochmals zurückblickt, taugt für das Reich Gottes.*

## Meister, ich will dir folgen

Jesus heilt. Er ist allen nahe und läßt alle in seine Nähe. In ihm verkörpert sich absichtslose, bedingungslose Liebe; die ganz freie und befreiende Liebe; *die* Liebe, Gott. Er verurteilt niemand und nimmt dafür die Verurteilung hin. Jesus begeistert, damals wie heute.
Nachfolge Jesu ist auch heute ein alternatives Lebensangebot gegenüber Konsum, Sucht, Leistung, Erfolg und Ausbeutung von Mensch und Welt. Leider wird Nachfolge Christi häufig immer noch als eine bestimmte Lebens*form* gesehen für einige wenige, die sich besonders anstrengen wollen und bewußt oder unbewußt besonders verdienstreich, richtig und vollkommen leben

ENT-GEGEN-KOMMEN

Niemand kann dir mehr entgegenkommen
als der, der bleibt,
auch wenn du ihn haßt und tötest.
Bei so viel „Entgegenkommen“
kannst auch du
entgegenkommend werden.

VERPFLICHTET SEIN

Frei bist du erst,
wenn du nur mehr vor Gott allein
Verantwortung trägst für alles.
Die göttliche Institution kann dich nur verpflichten,
wenn du IHN spürst,
der dich in allem liebt.

wollen. Wenn man Nachfolge Christi auf den zurückführt, der sie allein ermöglicht, erscheint sie nicht mehr als eine bestimmte Lebens*form,* sondern als Lebens*prinzip,* das in allen Lebensformen und -situationen das wahre Leben und die wahre Liebe ermöglicht. Ehe, Ehelosigkeit und jede andere Lebensform können letztlich nur gelingen im Versuch, aus der Nachfolge Christi zu leben. Das Glück des Menschen hängt davon ab, ob die Lebensentscheidungen in irgendeiner Weise im innersten Entscheidungen für Christus sind. In der Nachfolge Christi bekommen alle Lebenssituationen, alle Erlebnisse und Erfahrungen einen positiven Stellenwert. Verlust, Enttäuschung, alles Leid kann als zum Leben und zu mir gehörig gedeutet werden. Von hier aus ergibt sich die einzige Möglichkeit der Leidbewältigung, nämlich daß ich mit meinem Leid, mit dem Unabänderlichen, zu leben lerne.
Das Lukasevangelium führt uns in diesem Abschnitt in drei Szenen vor Augen, was eigentlich Nachfolge Jesu ist. Man wird sich immer wieder – wohl ein Leben lang – in diese Szenen hineinbegeben müssen, damit einem Nachfolge zunehmend aufgeht.

## Die Füchse haben Höhlen, die Vögel Nester

Jesus begeistert. Ein Begeisterter möchte Jesus folgen; er will da sein, wo Jesus ist. Er will das haben und in das eintreten, was sich in Jesus und um Jesus auswirkt. Bei Jesus müßte man immer sein, dann wäre alle Not gebannt. Jesu Antwort ist eine Ernüchterung. Nachfolge Jesu ist mit dem Verzicht auf irdische Garantien, Sicherheiten und Stimmigkeiten verbunden.
Schau dir Füchse und Vögel an! Betrachte sie lange! Sie leben genau in ihren vorgegebenen Bestimmtheiten, in Regelkreisen. Alles ist berechenbar, zweckorientiert. Füchse und Vögel haben ganz und gar ihren Platz in dieser Welt; sie sind fest angesiedelt im Ordnungsgefüge dieser Welt. Das Leben von Fuchs und Vogel können wir berechnen und in seiner Bestimmtheit erfassen.
Auch wir haben das Verlangen nach einem bestimmten, selbstbestimmten Leben. Wir wollen wissen, was es uns bringt; wir wollen hier unseren festen „Platz an der Sonne“ haben, und was tun wir alles, um Risiken auszuschließen!
Der Menschensohn hat keinen festen Platz in der Welt. Sein „Ort“ ist die ganze Welt, aber *in* die Welt kann ihn niemand ein-ordnen. Wenn ich Jesus nachfolgen will, muß ich verzichten, mich in die Welt einzuordnen, so wie „normale“, „vernünftige“ Weltmen-

schen dies tun. Ich muß bereit sein, ganz *in* dieser Welt, aber nicht *von* dieser Welt zu leben. Ich kann und darf Nachfolge Christi nicht zu einem System oder zu einer ganz bestimmten Lebens*form* machen, sonst geht das Eigentliche der Nachfolge verloren. Ich kann und muß Lebensformen wählen und mich für eine entscheiden, z.B. Ehe oder Ehelosigkeit, aber dann kommt es darauf an, daß ich Nachfolge *in* meiner Lebensform (und nicht *als* meine Lebensform) zu verwirklichen suche. Die richtige Lebensform ist die, die mir und meiner Identität am meisten entspricht. Weil es in unserem Menschenleben Tragik, Irrtum, Schuld und Entwicklungen gibt, kann es einen Wechsel von Lebensformen geben, der das Prinzip der Nachfolge nicht verändert.
Jesus nachfolgen heißt: heute nicht wissen und wissen müssen, was morgen ist; sich auf etwas, auf einen Menschen, auf das Leben, auf Gott ein-lassen, ohne das im Griff zu haben, worauf man sich einläßt. Nachfolgen heißt: das Risiko des Lebens wagen im Vertrauen auf Gott und auf die Kraft der Liebe, die sich in Jesus verkörpert und durch ihn in uns wirkt.
Nachfolgen heißt: sich ganz ver-lassen (= sich ganz Jesus lassen; Jesus zum „In- Halt", „Innen-Halt" des Lebens machen – gleichgültig, in welcher Lebenssituation ich gerade stehe und welche Lebensform ich gewählt habe). Die Vollkommenheit der Nachfolge bemißt sich danach, wie stark meine Jesusbeziehung mein Leben bestimmt und trägt; nicht mehr der Buchstabe des Gesetzes, sondern die Liebe, – nicht mehr ich, sondern Christus lebt in mir.
Die „evangelischen Räte" Armut, Keuschheit und Gehorsam können wohl auch nicht als *Formen* der Nachfolge verstanden werden, sondern als Prinzipien. Gewiß kann man sich Lebensformen wählen, in denen diese Prinzipien besonders gut zu verwirklichen sind, aber als Nachfolgeprinzipien bleiben sie bestimmend für jede Lebensform.

*Armut*
Sein Herz nicht an das Irdische verlieren; nicht das Irdische, Vergängliche zum „In-Halt" des Lebens machen; frei bleiben und sich frei halten von den Zwängen und Suchten einer weltlich verstandenen (mißverstandenen!) Welt („besitzen, als ob man nicht besäße!" – vgl. 1 Kor 7,30).

*Keuschheit*
Menschen nicht besitzen und vereinnahmen wollen; Erotik und Sexualität nicht verdrängen, sondern als Möglichkeit des Schen-

kens und Beschenktseins annehmen; den Trieb (alle Triebe!) befreien von den sündigen Zwängen des Haben-Müssens und der Sucht: sich selber durch Erotik und Sexualität zum Geschenk werden: „Gott schenkt mich mir selber." Sowohl in der Ehe wie auch in der Ehelosigkeit kann nur durch eine recht verstandene Keuschheit die Fülle des Lebens erschlossen werden. Die Bereitschaft zur Entsagung und zum Verzicht bei allen Lebensformen und -situationen ist die Voraussetzung zum Beschenktwerden und zum Glücklichsein.

*Gehorsam*
Hören können; zu-hören, an-hören, auf-hören können; auf jemanden „ein-gehen"; den anderen wahr-nehmen, ernst nehmen; demütig sein = den Mut haben, unten zu sein; sich aus Liebe beugen können, ohne unterwürfig zu sein; horchen, hinhorchen, hören, ge-hören; „Dienst nach Vorschrift" ist die „frömmste" Form des Ungehorsams! Ohne Gehorsam, ohne Fähigkeit zu hören und aufeinander einzugehen, ist Leben in keiner Form möglich.

## Laß die Toten ihre Toten begraben!

Jesus spricht an. Von ihm geht „Initiative" (= „Anfange-Kraft", „Erst-Kraft") aus. *Er* spricht mich *an,* und wie spreche ich nun *auf ihn* an?
Ansprech-Situationen sind alle Situationen, in denen „es mich an-geht", in denen ich mich als „gemeint", be- und getroffen erlebe. An sich kann jede Begegnung und jedes Erlebnis von Liebe und Haß, Freude und Leid, Lust und Schmerz, Leben und Tod zur Ansprech-Situation werden, in der Er mich an-geht, anrührt, an-spricht. Mein Problem: Werde ich überhaupt re-agieren, werde ich auf den An-Spruch ansprechen, *wie* werde ich reagieren und ansprechen?
Ja – aber ...! Wenn es (ER) mich angeht, bin ich einerseits schon bereit zu entsprechen, aber andererseits spüre ich die starke Hemmung, mich selber auf- zugeben, wenn ich mich ganz auf den Augenblick, auf Jesus und auf mich selber ein-lasse. Ich möchte die konkrete Nachfolge einbauen und unterbringen in meine bisherigen bewährten Gewohnheiten und Stimmigkeiten. – Seinen Vater *„muß"* man doch begraben; seinen Vater wird man doch wohl noch begraben dürfen!

Gewiß wird der Nachfolger in der Regel seinen Vater begraben dürfen und können. Hier bringt Jesus keine Handlungsanweisung, sondern wieder ein Prinzip auf einfachste Weise zum Ausdruck: Laß die Toten ihre Toten begraben! Laß die „Normalen" das „Normale" (= das der Norm Entsprechende) tun! Du aber versuche nicht, in das Normale auszuweichen und „auf den Friedhof" zu gehen, wo du dich hier und jetzt in deiner ganz persönlichen Glaubens- und Liebeskraft „stellen" sollst. Du wirst weder dich selbst („Selbstfindung") noch mich (Gotteserfahrung) finden, wenn du „normal" (= wie das Gesetz es befiehlt) auf meinen Anruf reagierst und nicht ganz persönlich, indem du das Risiko für deine Antwort im Vertrauen auf Gott und auf dich selber auf dich nimmst.

Auch wenn es schief ginge; denn wir Menschen bleiben immer dem Irrtum und dem Selbstbetrug ausgesetzt. Nachfolge schließt Irrtum nicht aus, sondern mit ein, und so verlangt die Nachfolge ganz selbstverständlich die ständige Bereitschaft, Schuld und Irrtum zuzugeben, sich ständig zu korrigieren, und den Verzicht auf den Anspruch absoluter Stimmigkeit für mein Handeln. So zu leben, ist riskant, oft unangenehm und unbequem. Jeder Mensch verlangt zunächst nach Bestätigung von außen, die er durch die Stimmigkeit mit Gesetz und Norm erhält. Dieser Drang soll nicht verdächtigt werden; jeder Mensch ist darauf angewiesen, in seinen Ordnungen und mit seinen Ordnungen stimmig zu leben.

Aber Nachfolge ist das noch nicht. Solange ich *nur* am Buchstaben des Gesetzes orientiert bin, lasse ich das Gesetz (das „Normale") und die anderen die Verantwortung für mich tragen; ich bin noch „verantwortungs-los", d.h., ich verantworte noch nicht selbst. In der Nachfolge Christi verantworte ich selbst, indem ich in voller Kenntnis und Bejahung des „Normalen" das zu verwirklichen suche, was meiner sorgfältig geprüften und gewonnenen Einsicht nach dem SEIN und dem ERBARMEN (der Liebe) am besten entspricht.

Häufig wird solches Handeln den Rahmen des Normalen nicht sprengen. Es kann Bewunderung und/oder Haß hervorrufen. Der Haß der nur „Normalen", die sich durch die Nachfolge in Frage gestellt sehen, ist besonders gefährlich, weil er sich auf die Stimmigkeiten der Normen berufen kann. Schließlich scheitert Jesus nicht an Zöllnern, Sündern und Dirnen, sondern am Haß der selbstgerechten „Frommen", die genau wissen, was „richtig" und was „falsch" ist. Der Nachfolger bekommt diesen Haß auch zu spüren, und er wird „sein Kreuz" auf *sich* nehmen müssen.

Dabei hat das Wort „sein" einen Doppelsinn. Es ist einmal *mein* Kreuz, mein ganz persönliches, von meiner Eigenart und Situation geprägtes Kreuz, und ferner ist es ganz SEIN Kreuz, das aus den Widerständen und Verurteilungen erwächst, die jeder erfahren muß, der dem Augenblick, dem Sein und der Liebe entsprechend zu leben versucht. Diese Selbstverantwortung und Selbstfindung entspringt der gelebten Christusbeziehung. Von IHM kommt auch die Kraft, die Verurteilungen und den Haß zu ertragen, die „Feinde" zu lieben.
Hilfreich zum Verständnis ist auch die Unterscheidung von „recht" und „richtig". Wenn wir unter „richtig" und „falsch" äußere Handlungskategorien verstehen, bezeichnen „recht" und „ge-recht" den inneren Ursprung unserer Handlungen aus der Harmonie von Leben und Liebe. „Gerecht gemacht" wird man nur „aus Glauben" (Röm 5,1); die Richtigkeit kann der Mensch bis zu einem gewissen Grad durch eigene Anstrengung erreichen. Man braucht richtig und (ge-) recht nicht gegeneinander auszuspielen, aber es ist zu sehen: Wer alles nur richtig macht, ist deshalb noch lange nicht gerecht (Dienst nach Vorschrift!); wer vieles falsch macht, kann dennoch durchaus „gerecht" im eben dargelegten Sinn sein. Das Ideal ist der „gerechte Richter", letztlich Gott, bei dem recht und richtig zusammenfallen. „Gott macht alles recht"; sofern mir Nachfolge Christi gelingt, mache ich alles recht – gleichgültig, in welcher Situation und in welcher Lebensform. In diesem Gerechtsein bin ich wahrhaft frei und letztlich nicht mehr angewiesen auf das Urteil der Menschen, sei es anerkennend, sei es ablehnend.

Das Wort „Laß die Toten ihre Toten begraben" ist schließlich auch positiv zu verstehen: Laß diejenigen, die noch tot sind für die Nachfolge, das „Tote" und „Tödliche" ruhig besorgen; laß die Normalen ruhig das Normale tun; ereifere und erhebe dich nicht. Für jeden kommt einmal „die Stunde", in der es ihn ganz persönlich angeht. Man kann sich ja nicht immer exponieren. Jedes Menschenleben braucht die „normalen" Phasen und die „normalen" Lebensbereiche. Wenn ein Mensch um Rat fragt, ist er darauf angewiesen, zunächst das zu erfahren, was sich in der Regel bewährt hat und bewährt. Entscheidend bleibt, daß ich zur persönlichen Verantwortung bereit bin, wenn ich ganz persönlich herausgefordert bin, und mich nicht begnüge mit der gesetzmäßigen Stimmigkeit meines Handelns. „Jeder wandle so, wie Gott ihn berufen hat" (1 Kor 7,17).

## Keiner, der nochmals umschaut, taugt für das Reich Gottes

Jesus nimmt mich mit – auf der Stelle, so wie ich bin. Der Mensch der dritten Szene spricht Jesus an, er will nachfolgen, doch auch er hat sein „Aber". Er „muß sich vorher noch" verabschieden. Es ist typisch für uns Menschen, daß wir alles planen und dann verplant sind. Auch wenn wir grundsätzlich bereit sind für das Überraschende, es muß „eingeplant" werden, und damit wird es auch schon „einplaniert". Wie oft sagen wir: „Ja, aber vorher muß ich noch ...!" Schließlich muß ja alles stimmen. Nachfolge ist nur möglich als Eingehen auf den Augenblick, nicht durch Einordnen des Augenblicks. Nachfolge geschieht immer in Augenblicken, hier, jetzt und sofort. Gewiß kann man Lebensformen und -weisen wählen, die für das Eingehen auf den Augenblick günstiger sind als andere, aber grundsätzlich ist es immer möglich, sofern ich auf Ansprüche, Wünsche und Pläne verzichten kann und bereit bin, meine normalen, bewährten Stimmigkeiten hintanzustellen und zu relativieren. Wer angesichts des Augenblicks „umschaut", hat augenblicklich den Augenblick verloren. Durch das Umschauen, in der Rück- Versicherung, stirbt jeder Augenblick. Ich muß die üblichen Sicherheiten und Garantien zurücklassen, dann kann mir durch die Augenblicke der Nachfolge ganz und gar derjenige zur Garantie meines Lebens und meines Handelns werden, dem ich nachfolge. Wenn ich IHN habe, er-reicht habe, – wenn ER mich erreicht hat, brauche ich nichts weiter.
Jesus betont, daß man alles, auch die nächststehenden Menschen, verlassen und gering achten muß, damit man zu ihm gelangen kann. Ich muß „arm" werden, damit mich der Reichtum Jesu erfüllen kann, durch den ich alles „hundertfach" zurückerhalte. Auch dies ist keine unmittelbare Handlungsanweisung, sondern die Beschreibung jener Einstellung, die Nachfolge ermöglicht und damit ewig-unendliches Glück in meinem jetzigen Dasein.
Wie Menschen normalerweise umgehen mit Dingen und anderen Menschen, wenn sie kaufen, er-werben, heiraten und Kinder bekommen, so erreichen sie die Befriedigung vieler Grundbedürfnisse. Ansprüche werden abgedeckt, Forderungen erfüllt und Rechte „aufrecht" erhalten. Dies ist – wie gesagt – normal. Wenn ich nun dies alles gering achte und verlasse, d.h., wenn ich arm werde und alle Ansprüche auf Dinge und Menschen fallen lasse, wird der Freiraum in meinem irdischen Leben eröffnet, in dem ich alles als Geschenk und Gnade erleben kann. Jede Begeg-

nung wird zum neuen beglückenden Augenblick, in dem ich Jesus – Gott – erlebe, der mich mit Menschen und mit allen anderen Geschöpfen immer wieder neu beschenkt. Wenn z.B. ein Mann „normalerweise" heiratet, „erwirbt" er eine Frau. Ist die Hochzeit vorüber, wird alles „normal", gewohnt und gewöhnlich. Solange keine Störung eintritt, kann sich durch die gewährleistete Befriedigung der Ansprüche und Bedürfnisse auch eine gewisse Zufriedenheit einstellen. Wer nun „arm" ist, d.h., auf alles Anspruchhafte verzichten kann, ist fähig, immer wieder neu, „hundertfach" *Hoch*zeit zu feiern. Er steht immer „in Blüte", wie der Baum, „der am Wasser gepflanzt" ist. Das Verlassen und Geringachten des Normalen ist nur „legitim" und im Grunde nur möglich, wenn ich in meinem ganzen Leben auf der Suche bin nach dem „ewigen Bräutigam", der mir in allen hochzeitlichen Erlebnissen begegnet. Die Braut, der Bräutigam – alles Irdische – ist nicht mehr das Wichtigste, wenn ich den ewigen Bräutigam – das Ewige – in ihm erlebe. Ich darf mein Glück, meine Hochzeiten, nicht bemessen nach Lust, Freude und Bequemlichkeit. Ich muß umgekehrt versuchen, Lust und Freude, aber auch Schmerz und Leid als die Stellen und Augenblicke meines Lebens zu erkennen, wo sich der ewige Bräutigam mit mir vermählt. Jeder Augenblick kann Hochzeit werden: die Begegnung mit einem Stein, einer Blume, einem Tier – der Augenblick des Atmens, in dem ER mich beatmet und belebt. Zeit vergeht; Hoch-Zeit ist ewig.

## HINGEBEN

Gott
gibt sich ganz
in deine Hand.

Nimm ihn auf;
er nimmt dir
alle Angst!

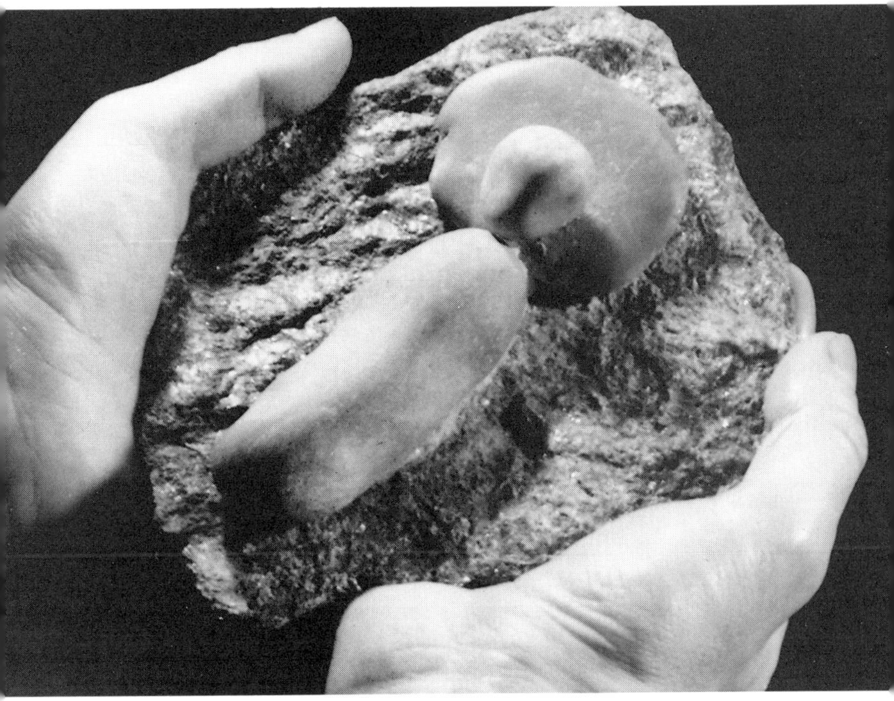

# Gottes Vertrauen

Schlußbetrachtung

*„Kann denn eine Frau ihr Kindlein vergessen,*
*eine Mutter ihren leiblichen Sohn?*
*Und selbst wenn sie ihn vergessen würde:*
*ich vergesse dich nicht.*
*Sieh her: Ich habe dich eingezeichnet*
*in meine Hände."* (Jes 49,15 f.)

*„Jerusalem, Jerusalem ...*
*wie oft wollte ich deine Kinder*
*um mich sammeln,*
*so wie eine Henne ihre Küken*
*unter ihre Flügel nimmt."* (Mt 23,37)

Wie eine Mutter ihr Kind, wie eine Henne ihre Küken, ... so ist Gott. Er lockt, breitet die Flügel aus, gibt Unterschlupf, Geborgenheit und Wärme. Er vergißt mich nie. Er warnt, er ist besorgt, – er sieht Unheil kommen und schreit „wehe"! Gott läßt – irdisch gesehen – das Unheil, das die Gottlosigkeit nach sich zieht, hereinbrechen, er läßt alles zu, was der Mensch anrichtet, weil er *niemals* den Menschen *zwingt*. In der Katastrophe kommt er dem Menschen wieder entgegen und wirbt, lockt, breitet die Flügel aus ... Gott ist nie schadenfroh und rachsüchtig wie wir Menschen. Er geht uns immer nach, damit er, der ewig Lockende, immer bei uns ist. Wenn wir eine Katastrophe anrichten, ist er auch da. Wenn wir sündigen, steht er uns bei. Er verhindert unsere Sünde nicht, weil er nicht zwingt. Aber er geht niemals weg von uns. Unser Gottesbild leidet darunter, daß wir die Empfindungs- und Gefühlsmechanismen von uns sündigen Menschen in Gott hineintragen. Gott freut sich nie am Unrecht; er freut sich nicht, wenn wir uns selber quälen und vernichten! Er geht in unsere Quälereien und Vernichtung ein und nimmt sie auf sich. Dostojewski gibt die Antwort: „Weil du die Menschen nicht durch ein Wunder zu Sklaven machen wolltest, weil dich nach freier und nicht nach einer durch Wunder erzwungenen Liebe verlangte. Dich dürstete nach freier Liebe, nicht nach knechtischem Entzücken vor der

Macht, die dem Sklaven ein für allemal Furcht eingeflößt hat" (F.M. Dostojewski, Die Brüder Karamasoff, V, 5: Der Großinquisitor).

Dennoch bleibt die dunkle Stelle: Wenn der Mensch in den Abgrund stürzt, müßte ihn doch Gott zwingen, nicht hineinzustürzen, so wie eine Mutter ihr Kind absolut daran hindert, in die Katastrophe zu rennen, wenn sie dabei ist. Es bleibt irgendwie doch unbegreiflich, daß Gott bei so viel Elend zusehen kann! Gut, Gott warnt, mahnt und droht sogar, aber er verhindert nicht. Wir können dieses Problem nie lösen, wir müssen damit zu leben lernen. Es ist uns eine Hilfe, wenn uns in diesem Problem der grundlegende Unterschied zwischen Gott und Mensch bewußt wird. Bleiben wir beim Bild des Abgrunds: Die Mutter hindert das Kind, in den Abgrund zu stürzen – Gott nicht. – Gott ist im Abgrund, er springt mit in den Abgrund – die Mutter kann das nicht. Gewiß kommt es vor, daß Menschen bewußt gemeinsam in die Katastrophe gehen, aber das ist nicht mehr „normal"; wenn es aus echter Liebe geschieht, ist es etwas Göttliches.

Für Gott ist es „normal", daß er überall mitgeht und überall schon auf uns wartet. Weiterhin ist zu bedenken, daß unsere Abgründe für ihn keine „Ab"-gründe sind, sondern Gründe. Denken wir an die Abgründe menschlicher Bosheit und Depression: „Auch die Finsternis wäre für dich nicht finster ... die Finsternis wäre wie Licht" (Ps 139,11). Es ist bereits ein Ausdruck des Vertrauens, wenn der gequälte Mensch mitten in seiner Auflehnung sagen kann: *„DU* hast mich ins tiefste Grab gebracht, tief hinab in finstere Nacht" (Ps 88,7). Gott selbst steht dazu, daß er am Unheil letztlich „schuld" ist; er hat die Welt so gemacht, daß es Unheil, Leid, Tod und die Unheil verursachende Bosheit des Menschen geben kann und wird. „Ich bewirke das Heil und erschaffe das Unheil. Ich bin der Herr, der das alles vollbringt" (Jes 45,7). Ein grausamer Gott, wenn man von Gott denkt wie von einem Menschen. Wenn man aber verzichtet, von Gott wie von einem Menschen zu denken, und wenn man bedenkt, daß für Gott unser „Unheil" kein Unheil ist, dann besagt dieser Satz etwas Tröstliches: Ich bin doch in allem drin, ich stehe doch zu allem; was du Unheil nennst, steht auch in meiner Hand; es gibt *nichts,* in das du geraten könntest – nenne es, wie du willst –, es gibt nichts, das nicht in meiner Hand stünde. Ähnlich wie im großangelegten Ijobsbuch im 39. und 40. Kapitel, so unterbricht auch in Jesaja 45 Gott die Leiddiskussion durch den Hinweis auf den Kosmos: „Taut, ihr Himmel, von oben, ihr Wolken, laßt Gerechtigkeit (!)

regnen! Die Erde tue sich auf ... und lasse Gerechtigkeit sprießen. *Ich,* der Herr, will es vollbringen" (Jes 45,8). Die Betroffenheit vom kosmischen Geschehen („Frühlingserwachen!") kann uns helfen, daß wir vertrauen lernen, daß Gott doch alles recht macht, auch wenn wir es nicht begreifen können, weil wir sündige Menschen in den Kategorien von Gut und Böse, Heil und Unheil denken „müssen"! Der Glaube allein befreit uns vom Zwang dieser Kategorien.
Würde Gott beim Unheil verhindernd eingreifen, würde er bewirken, daß der Mensch auch ohne Gott das Heil findet; es würde dann nichts machen, wenn der Mensch gottlos wäre. Man muß hier Unheil und Gottlosigkeit einfach gleichsetzen. Wenn Gott das Heil ist, bedeutet sein Fehlen Unheil. Gott fehlt aber nie! Er ist objektiv immer da. Er fehlt nur im subjektiven Bewußtsein des Menschen, der von Gott abgewandt ist. Für den abgewandten Menschen „muß" Gott etwas anderes sein als für den zugewandten. Gott ist also zugleich Heil und Unheil, je nach Stellung des Menschen. Dem abgewandten Menschen läuft er nach wie in einem Versteckspiel: „Ich wäre zu erreichen gewesen für die, die nicht nach mir suchten. Ich sagte zu einem Volk, das meinen Namen nicht anrief: Hier bin ich, hier bin ich. Den ganzen Tag streckte ich meine Hände aus nach einem abtrünnigen Volk, das einen Weg ging, der nicht gut war, nach seinen eigenen Plänen" (Jes 65,1 f.). Gott fleht geradezu, der Mensch möge sich ihm zuwenden bzw. seine Zuwendung annehmen, aber er zwingt nicht. *Gott vertraut auf den Menschen,* daß er irgendwann einmal auf ihn eingeht und das Heil findet. Anders „geht es nicht"! Gott müßte sich selber oder die Personalität des Menschen aufheben, wenn er so eingreifen wollte, wie wir Menschen es in unserer allzu menschlichen Gottesvorstellung verlangen.

Es folgen ein paar Gedanken zum Vertrauen Gottes:

## 1. Gott verzeihen

Gott vertraut uns, daß wir verzeihen. Er verzeiht uns alles, damit auch wir verzeihen können. Wir müssen zu verzeihen lernen, wenn wir leben wollen. Wir müssen uns selbst verzeihen, wir müssen einander verzeihen, wir müssen aber auch Gott verzeihen, daß er *Gott* ist und daß *ER* Gott ist, und nicht wir. Wenn wir das „Flehen Gottes um Verzeihung“ prophetisch in Worte fassen wollten, könnte das so klingen: „Verzeih mir doch, daß *ich* Gott bin und nicht du! Verzeih mir, daß ich alles erschaffen habe, alles und dich ganz persönlich! Verzeih mir, daß *ich* so verliebt bin in dich! Verzeih mir, daß du mich nicht ganz begreifen und verstehen kannst. Verzeih, daß ich dein Schöpfer bin und du mein Geschöpf. Ich vertraue dir, ich tu alles für dich, damit du mir vertrauen kannst, aber ich bin eben nicht so wie du. Ich kann deine Wünsche oft nicht erfüllen, weil ich einen anderen Durchblick habe als du. Schau die Welt an, die Freude, die Lust, – alles, was ich dir schenke: du kannst mir doch vertrauen!“

Wenn einem das Vertrauen Gottes zum Menschen aufgegangen ist, kann das die stärkste Motivation zum Gottvertrauen werden. Gott tut alles, aber nicht ohne mich.

## 2. Gott heiraten

Gott vertraut uns, daß wir seine Liebe annehmen, daß wir unsere Liebe nicht von seiner Liebe abtrennen, daß wir uns bewußtwerden, daß er „das Liebe“ in unserer Liebe ist. Er ist in unserer Erotik, er macht, daß wir einen Menschen so nehmen können, wie er ist. Gewiß sind in unserer Erotik auch unser Egoismus und die Konsumsucht mächtig. Aber gerade ER könnte uns helfen, daß wir nicht in Konsum und Ausbeutung verfallen.

„*Ich* liebe dich doch! Ich habe dir die Liebe gegeben, etwas von meinem Wesen, damit du spüren kannst, daß du geliebt bist, und damit du selber lieben kannst. Ich sehe dich an in den geliebten Augen, ich blicke aus dir und gebe dir das Aussehen, wenn dich die Liebe ergriffen hat. Ich bin der Ton in der geliebten Stimme. Du spürst mich in deiner Zärtlichkeit. Heirate mich! Heirate mich, wenn du heiratest. Begnüge dich nicht mit dem, was ich dir schenke: einen Menschen. Ich bin doch das, was du so liebst an deiner Braut, an deinem Bräutigam. Ich bin der eigentliche Bräutigam, die eigentliche Braut. Ich habe euch geladen zur Hochzeit, zur ewigen Hochzeit, die schon auf Erden beginnt. Ich bin das Ewige in eurer Liebe. In mir könnt ihr eins sein und immer wieder neu eins werden!“

## 3. Gott genießen

Gott vertraut uns, daß wir im Erlebnis der Lust seine Liebe erkennen. Er will, daß wir uns freuen, daß es uns gibt. Zweitausend Jahre wurde in der christlichen Geschichte die Lust mehr oder weniger verteufelt. In unserer jetzigen Kultursituation ist die Verteufelung ins andere Extrem umgeschlagen, in die Lustvergötzung. Nicht die Lust ist es, die uns erfreut, sondern Gott ist es, der uns erfreut mit der Lust. Wer die Lust verachtet, verachtet Gott und seine Geschenke. Wer die Lust vergötzt, verachtet Gott und sein Geschenk ebenfalls. Das Haben-Müssen und der Anspruch lassen das Schenken nicht mehr zu. Wer die Lust als Geschenk annimmt, der preist Gott, der sich festlich und wunderbar erweist in seiner Schöpfung. Es ist wichtig, den Lustbereich als *einen* zu sehen, der alle Sinne umgreift. Askese ist überall nötig zum seinsgerechten Umgang mit der Lust. Der Sinn allen Verzichts ist die Freiheit. Der Zugang zu Gott darf nicht versperrt und verdeckt werden durch Konsum und Sucht.
„Wenn du ißt oder trinkst oder sonst etwas tust, denke an mich! Ich will, daß du dich freust, ich gönne dir die Lust. Ich gönne mich dir in deiner Lust, damit du glücklich bist und glücklich wirst in meiner Liebe. Du brauchst nicht zu gieren und Verlustangst zu haben. Du brauchst nicht Angst zu haben, daß du zu kurz kommst oder daß dir etwas abgeht. Mich hast du immer. Ich schenke dir immer wieder neue Lust; du brauchst sie nicht festzuhalten. Laß dich nicht betören von denen, die sagen: Lust und Konsum sind alles im Leben! Deine Sehnsucht und dein Verlangen sind so groß, daß dich die Lust nie befriedigen wird. Soviel Lust gibt es gar nicht! Mach dich nicht krank! Wenn du mich hast, dann wird dir alles zum Vergnügen. Wenn du mich spürst in deiner Lust, dann bist du nicht nur befriedigt, sondern auch zufrieden."

## 4. Gott nicht fallen lassen

Gott vertraut uns, daß wir ihn nicht fallen lassen. Er trifft keine Vorkehrungen, daß wir ihn nehmen müssen. Er kommt ganz einfach wie ein Kind und als Kind auf die Welt. Das Kind ist total angewiesen und abhängig. Vor einem Kind hat niemand Angst, es sei denn, er kann mit einem Kind nicht umgehen und auf ein Kind nicht eingehen. Das Kind bringt es fertig, mit seinem Lächeln den ersten Schritt auf den Menschen hin zu tun. Das Kind lächelt mich an, auch wenn es gar keinen Grund dazu hat, auch wenn ich verschlossen bin. Es lächelt, weil es Kind ist. Das ist das „göttliche" Lächeln. Es ist nicht erzwungen und verursacht von außen (wie bei uns denkenden Erwachsenen), es kommt von innen. Gewiß haben sich auch manche Erwachsene das Lächeln des Kindes bewahrt, aber dann ist es eben doch dieses göttliche Lächeln, das von innen kommt. „O, wie lacht Lieb' aus deinem göttlichen Mund" (aus „Stille Nacht"). Wo dieses „anmutige", „bezaubernde", „vertrauenerweckende" Lächeln auftritt, beim Kind, bei Liebenden, bei reifen und weisen alten Menschen, ist es nicht das Werk des Menschen, sondern Gnade. Wenn ein Mensch so von innen lächelt, ist es Gott, dessen Liebe aus den Menschen lacht. Menschen können grinsen, das echte Lächeln können sie nicht „machen". Der Schauspieler spielt das Lächeln: wenn er es gut kann, ist auch das mehr Gnade als Leistung.

„Ich komme zu dir, nimm mich! Ich gebe mich ganz in deine Hand. Ich traue dir. Ich vertraue dir, daß du mich nimmst. Laß mich dein Kind sein. Du brauchst nie Angst zu haben vor mir. Ich will gar nichts von dir, laß mich nicht fallen. Ich will mich dir schenken. Mein Lächeln, meine ganze Liebe gehört dir. Wenn ich groß bin, nehme ich dich zu mir. Ich will immer bei dir sein. Du brauchst nie Angst zu haben, daß ich dich verlasse. Laß mich nicht fallen."

## 5. Gott töten

Gott vertraut mir, daß ich an ihn denke, wenn mich Wut und Haß überfallen, daß ich es annehme, daß er sich von mir töten läßt, daß ich bei ihm bleibe, auch wenn ich meine, er sei mein Feind geworden. Er vertraut mir, daß ich meine Wut an ihm auslasse, nicht an den Menschen. Er ist gekommen als das Lamm, das nicht zurückschlägt und nicht davonläuft, wenn ich meine Haßausbrüche habe. Er ist gekommen, um sich den Menschen hinzugeben als Kind und als der, der sich treu geblieben ist in der Liebe, auch als die Menschen ihn töten. Es ist die Tragik von uns Menschen, daß wir uns mit unserem ganzen Wesen nach Liebe sehnen, aber nicht fähig sind, diese Liebe anzunehmen. Das Annehmen der

Liebe Gottes verwandelt unser Wesen. Gegen diese Verwandlung sträuben wir uns, weil sie den Verzicht auf alle Ansprüche und auf alles Normale bedeutet. Es genügt nicht, daß wir die Liebe Gottes nur erkennen und erfahren; wir müssen von ihr überwältigt werden. Der Tod Jesu, der die Menschen auch dann noch liebt, als sie ihn töten, könnte für uns das überwältigende Ereignis der Liebe Gottes werden, wenn wir uns darauf einlassen.

„Ich bleibe immer bei dir; ich bin immer da für dich, auch wenn du mich fallen läßt. Wenn dich die Wut überfällt und der Haß: ich bleibe bei dir. Wenn du dich ärgern mußt über mich: ich bleibe bei dir. Wenn du meinst, es sei gut, daß du mich tötest: ich bleibe bei dir. Hasse lieber mich anstatt die Menschen;laß deine Wut an mir aus, nicht an den Menschen! Ich habe doch alles gemacht und den Menschen so geschaffen, daß er so ist, wie er ist. Deine Bosheit nehme ich auf mich. Ich liebe dich auch in deiner Bosheit. Wenn du mich getötet hast, wirst du sehen, daß ich dir in der Hand geblieben bin. Verzage nicht in deiner Bosheit und in der Bosheit der Menschen. Bleib bei mir, wenn du mich getötet hast: ich nehme dich mit in mein ewiges Leben, in meine unendliche Liebe zu dir. Und wenn dich andere hassen, zugrunderichten und töten: ich bin immer bei dir."

## 6. Gott, mein Alles

Gott vertraut mir, daß ich ihn für mich immer *mehr* werden lasse, bis er mein Alles geworden ist. Ich bin erst erlöst, wenn mich Gott, die Liebe, ganz ausfüllt. Ich bin ganz ich, wenn Gott ganz in mir ist, wenn er mein Inhalt und Innen-Halt geworden ist. In dieser Welt wird Gott nie der ganze Inhalt unseres Lebens werden. Die Erbschuld, die Süchte und das Haben-Müssen stecken zu stark in unserem Fleisch. Aber Gott kann immer mehr werden in uns, so daß er vielleicht doch überwiegend der Inhalt unseres Lebens wird, der uns trägt und durchträgt durch unser Leid und unseren Tod. Gott hat es so eingerichtet, daß wir in Jesus seine Hingabe an uns erleben können. Dieses Sich-Hingeben hat er aus dem historischen Rahmen entgrenzt und durch das Sakrament für alle Zeiten gegenwärtig gesetzt und für alle Menschen erfahrbar gemacht. Er will ganz einfach, praktisch und wirklich uns nahe bleiben im Brot und im Wein. Er will nicht nur *bei* uns, sondern *in* uns sein. Und es soll ein Fest sein, eine Hochzeit, wenn wir eins werden mit seinem Leib. Er ist der Einende und Vereinende überall, wo Einung geschieht. Wer das weiß, kann sich in seinem Namen versammeln und vereinen, und er wird schon jetzt ewiges Glück, ewige Hochzeit in vergänglicher Weise erfahren.

„Nimm hin und iß, nimm hin und trink; ich bin's! Laß mich in dir sein, in dir leben. Ich will, daß du ewig lebst und ewig glücklich bist. Ich will, daß du schon jetzt mit deinem sterblichen Körper ganz glücklich bist. Darum laß mich zu dir, und laß mich in dich. Laß mich ein in deine Lust, in deine Freude; laß mich ein in dein Leid, in deinen Schmerz und Verlust, in deinen Tod! Ich bin ja bei dir; ich bin ja schon in dir, aber du mußt es spüren mit allen deinen Sinnen und Gefühlen. Darum iß und trink! Du bist mein Alles. Laß mich dein Alles sein."

# Worte zum Leben

## Sei du selbst

## SELBST-LOS SEIN

Du bist ganz du selbst,
wenn du „selbst-los“ geworden bist.
Du bist ganz zu-Frieden,
zufrieden mit dir selbst,
wenn du nicht mehr „selbst-zufrieden“ bist.

## SELBER SEIN

Der Nebel nimmt die Sicht
und läßt dich mit dir selbst allein.
Dein Schöpfer will dich
mit dir selbst beschenken,
damit du alles hast,
wenn das Irdische
für dich verschwindet.

## SICH SAMMELN

Im Stamm ist das gesammelt,
was die Wurzeln und die Zweige bringen.
In den Wurzeln, in der Krone,
entfaltet sich der Stamm.
Entfaltung wird durch Sammlung möglich,
und die Sammlung durch Entfaltung.
Denk an den Baum,
wenn du dich selbst verwirklichst.

## DERSELBE SEIN

Der Fluß ist immer derselbe
und bleibt doch keinen Augenblick der gleiche.
Bleib dir selber treu, –
Veränderung macht dich nur glücklich,
wenn du dich nicht selbst verlierst.

## SICH HALTEN

Was sich nicht mehr von außen halten kann,
braucht einen Innenhalt.

Wenn Gott der Innenhalt
und Inhalt deines Lebens ist,
kannst du dich immer halten
und wirst sogar den Tod bestehen.

## SICH SUCHEN

Wem's zu eng ist,
der muß das Weite suchen;
wem's zu weit ist,
der braucht Geborgenheit daheim.
Lerne dich selber kennen,
damit du dich nicht täuschst.
Wer eng und weit verwechselt,
geht verloren –
oder er erstickt.

## SICH ÄRGERN

Niemand
will sich gerne selber ärgern.
Doch „müssen“ sich fast alle Menschen
selber ärgern.
In diesem „Müssen“ sitzt der Teufel,
den wir so schwer erkennen,
weil wir ihm nicht entsagen wollen.

## EINMALIG SEIN

Löwenzahn:
unendlich viele,
und doch ist jeder einzig und einmalig.

Du darfst dich einzig und einmalig fühlen,
obwohl ER,
der dich liebt,
auch die anderen liebt.

## AN-KOMMEN

Wer nicht abkommt,
kommt nie an.
Zur Ankunft
muß ich ein „Ab-kommen“ treffen.
Bleib, wo du bist,
wenn du noch un-abkömmlich bist;
sonst muß es dich zerreißen.

SICH VERSCHENKEN

Keiner
kann sich selbst verschenken,
sondern nur verkaufen.
Wage es dennoch,
dich zu verschenken;
Gott wird dich ver-schenken.
Er schenkt dich
dem andern und dir selbst
und macht deine Liebe ewig.

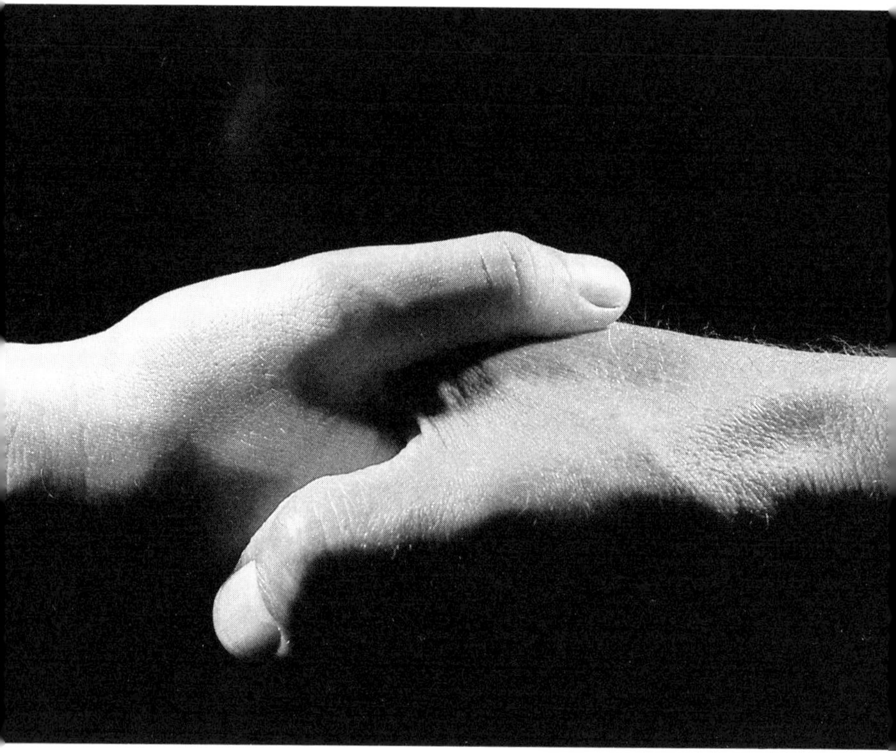

## ALLES GEBEN

Wenn du von mir nichts erwartest,
kann ich dir alles geben.
Wenn du von mir alles forderst,
kann ich dir nichts mehr geben.
Denn nichts ist alles,
was ich habe.
Und alles, was ich habe,
ist nichts.

## UNVOLL-KOMMEN

Laß mich zu dir kommen!
Laß mich „unvoll“ kommen!
Wenn ich nur „voll“ kommen darf,
kann ich nie kommen,
weil ich nur un-voll-kommen kann.

## FREUDE MACHEN

Mach mir die Freude
und „mach“ mir nicht die Freude.
Ich muß mich selber freuen dürfen.
Laß die Freude in dich ein,
dann „machst“ du mir die größte Freude.
Menschen, die sich die Freude machen,
sind die Freude los.

## STEHEN LASSEN

Du und ich,
deine Freunde, deine Feinde,
haben ihre guten und ihre schlechten Seiten.
Laß beides stehen
und freu dich über das Gute.
Zähle nicht zusammen;
denn unterm Strich
bleibt bei keinem etwas übrig;
diese Rechnung geht nie auf.

## HIMMEL UND HÖLLE

Menschen haben dürfen,
das ist der Himmel.

Menschen haben müssen,
das ist die Hölle.

Er ist hinabgestiegen
in meine Hölle,
damit ich auch in meiner Hölle
Liebe finde.

## BRÄUTLICH SEIN

Der ewige Bräutigam
macht dich zur ewigen Braut.
Der Mann sehnt sich nach „ewiger Braut“,
die Frau nach „ewigem Bräutigam“.
Im Sakrament der Körper verschenkt sich
der ewig-hochzeitliche Gott.

SEHNSUCHT

Die Liebe strebt nach oben
und in die Tiefe deiner Seele.

Auch wenn du sie verbirgst
und nur auf Äußerliches lenkst,
bleibt doch ihr Streben
stark und ungebrochen;
nur du
mußt leiden.

## LUST UND LEBEN

Die Lust verdirbt den Menschen,
der Mensch verdirbt die Lust,
wenn er die Lust
zum Inhalt seines Lebens macht.

Mach Gott
zum Inhalt deines Lebens,
dann fällt dir die Lust von selber zu,
und du kannst davon haben:
mehr als genug.

## VER-SCHMERZEN

Daß die Schmerzen schmerzen,
das macht sie so schmerzlich!
Wenn dir aufginge,
daß der Schmerz zur Lust gehört,
so wie die Nacht zum Tag,
könntest du viel mehr ver-schmerzen
und mit ein bißchen Freude
leiden.

## TOD DER LIEBE

Die Habsucht macht die Welt zur Hölle.
Freu dich an allen Blumen,
auch wenn sie nicht in deinem Garten blühn;
und laß deine Blume auch den Nachbarn sehn.
Die ganze Welt wird dir zum Paradies.

## LIEB SEIN

Wenn die Liebe fehlt,
ist nichts mehr lieb im Leben.
Wer keine Liebe hat,
dem ist nichts mehr lieb und teuer.

## UNSERE LIEBE FRAU

Wenn das Liebe in der Liebe fehlt,
kann die Liebe nicht mehr lieben.

Wo das Frauliche in dir vermännlicht wird,
ist Gott nicht mehr zugegen.
Er ist das Liebe in der Liebe.
Ohne IHN ist alle Liebe leer.

## ENTZÜNDET SEIN

Was sind alle Kerzen,
wenn sie nicht brennen?
Keine kann sich selbst entzünden.
Was sind die Menschen,
wenn sie keine Freude haben?
Keiner kann sich selbst erfreuen.
Gott ist Mensch geworden,
damit wir uns an ihm entzünden,
uns freuen und – erfreulich werden.

## KOMMEN UND GEHEN

Im Kommen und im Gehen
lebt das eine, ewige Leben.
Das Leben lebt,
das ist sein Sinn.
Nur wenn du selber kommst
und gehst und lebst,
hat dein Leben Sinn.

## TÄGLICH LEBEN

Deine Tage sind gezählt;
nimm jeden an als ein Geschenk
der Ewigkeit.
An Ende deiner Tage bist du dort,
woher die Tage kommen

## „ZEITLICH SEIN“

Halte die Zeit nicht fest;
laß sie kommen, laß sie gehen!
Sie ist ein Stückchen Ewigkeit.
Wer die Zeit festhält,
nimmt ihr die Ewigkeit
und macht sie tot.
Es liegt an dir,
ob die Ewigkeit auf dich wartet
oder der Tod.

## ZERBRECHEN

Ostereier
können uns unterscheiden lehren,
was wir in eins erleben:
die Schalen von den Eiern,
das Vergängliche vom Unvergänglichen,
den Tod vom Leben.
Was zerbricht, das darf zerbrechen;
das Eigentliche kommt im Zerbrechen *vor*.
Wenn „ich“ zerbreche,
zerbricht ja nur mein „uneigentliches“ Ich,
damit „Ich-Selbst“ geboren werde.

## AUFERSTEHEN

Löwenzahn:
Die strahlend gelbe Blüte stirbt
und steht in ihrem Tod neu auf
als Samenball.
Der Tod hat sie vermehrt
und von ihrem Ort entbunden.

Wenn du vom Leben lebst,
wird dich dein Tod vermehren
und befreien.

## LEERES GRAB

Ein Grab ist leer,
wenn der nicht drin ist,
den ich suche.
Das eine „leere Grab“
macht alle Gräber leer.
An unseren „leeren“ Gräbern erfahren wir,
daß unsere Toten leben,
daß der Tod uns nicht mehr sticht.
Der tote Körper
ist zum leeren Grab geworden.
Er hat uns gezeigt,
was wir ohne Ihn vielleicht erahnten,
aber noch nicht wußten.